聊点不一样的历史

当秦军冲入马其顿方阵

聊酱 著

上海远东出版社

图书在版编目（CIP）数据

当秦军冲入马其顿方阵 / 聊酱著. -- 上海：上海
远东出版社，2025. -- ISBN 978-7-5476-2126-4

Ⅰ. E292.6；F555.69

中国国家版本馆 CIP 数据核字第 20255HJ426 号

责任编辑　李　敏
插　　画　许林云
封面设计　许林云

当秦军冲入马其顿方阵

聊酱　著

出　　版　**上海远东出版社**
　　　　　（201101　上海市闵行区号景路 159 弄 C 座）
发　　行　上海人民出版社发行中心
印　　刷　上海丽佳制版印刷有限公司
开　　本　890×1240　　1/32
印　　张　5.375
插　　页　2
字　　数　120,000
版　　次　2025 年 7 月第 1 版
印　　次　2025 年 7 月第 1 次印刷
ISBN 978-7-5476-2126-4/E·22
定　　价　48.00 元

前　言

当秦军冲入马其顿方阵，到底会发生什么呢？

首先，我们需要明确这个问题并没有一个固定的答案。任何人对此的回答，都只是一种假设性的推理，而非定论。

既然1000个人有1001个答案，那我们还有推理这个假设性问题的必要吗？

有的。

推理的本质在于寻找真理。然而，真理并不是我们认为的那么简单易得。

本书推理"秦军冲进马其顿方阵"的可能性和结局，可以视作"秦和马其顿"两大王国对阵的一场"沙盘推演"。

当然推演并不等于实战，不过推理的价值依然不容小觑。军事家们历来都对"沙盘推演"极为重视，这一军事方法甚至演变为后世公司经营的决策前提和企业管理的"沙盘模拟"。

这是因为"沙盘推演"的本质是通过事先"收集"和"整理"尽可能多的有关双方的信息，增加决策中的确定性，减少战场和市场中的各种不确定性，最终真正做到"知彼知己，百战不殆"。

其次，本书中提到的"秦国"和"马其顿"的对抗，显然是指约在2 300年前同一时期的两大强国间的一场终极对决，这意味着本书讨论的不是小规模的遭遇战，而是一场大国间长期的、国家规模的、体系化的全面对决。

为全面评估这场"战争"，需将战前双方的体系作为考察的重点。因此，我们需要先了解真实历史中两国各方面的客观数据和科技水平。

比如：当时秦国的人口有多少？以举国之力能养活多少骑兵？同一时间的马其顿有多少骑兵？这些骑兵是轻甲还是重甲？甲胄的材料是什么？当时在没有马鞍的情况下，这些骑兵到底是弓骑兵还是龙骑兵，是冲击骑兵还是轻骑兵？除骑兵外，步兵的装备是什么？步兵如何与骑兵协同作战？步兵、骑兵的比例是什么，阵型又是什么？步兵分哪些兵种，骑兵分哪些兵种？出征后，是在战场附近就地补给，还是从后方补给？补给线又该如何保障？两军战场最远能到多远？极限情况下的长期战争能打多久？

凡此种种，不胜枚举。

有关"秦军和马其顿军孰强孰弱"的问题，在过去30年间的网络上已经争了很久，且至今仍没有定论。这恐怕是网上论战不够细致造成的，最后往往变成了双方各自粉丝间的叫阵，也失去了讨论的价值。

为了避免各种不必要的误会和作者本人先入为主对秦军的偏爱，在讨论秦军和马其顿军孰强孰弱这个问题前，我们需要先明确一个问题：到底是什么时候的秦军冲进了马其顿方阵？

是秦始皇嬴政时的秦军，还是秦惠文王嬴驷（嬴政曾祖父）时的秦军?

　　开宗明义：本书中，我们主要讨论"秦惠文王时的秦军"和"亚历山大时的马其顿军"。这除了是旧题新解外，还主要是因为我们考虑到秦惠文王和亚历山大大帝生活在同一时期（公元前 334 年左右），这时的马其顿帝国也处在最鼎盛的时期。

　　沙盘推演，我们以"料敌从宽"为立足点，尽量把对手想得更困难些，这样才能体现出沙盘的价值。

　　当然，仅仅考虑时间维度还是远远不够的。

　　因为历史上这两大军事集团并没有真正的交手记录，所以本书将主要倚重逻辑思维里的"归纳和演绎"两大论证方法，通过 4 个具体步骤来为大家展开讨论：

　　1. 收集双方阵营在"同一时期"的基础史实；

　　2. 分析这些可考证的史实而非出于经验主义的盲目信仰，并以此归纳出大家普遍认可的一般规律；

　　3. 将这些一般规律组成的系统理论，最终代入双方各自的实战记录中，进一步验证这套理论的可信度；

　　4. 将这套理论加以应用，看看秦军冲进马其顿方阵后，到底会发生什么。

目 录

1 ❧ 错位时空：马其顿和秦国概述

1.1　霸主马其顿

> ➤ 亚历山大大帝，真的如此伟大吗？

现代欧美文明普遍认为自己的社会秩序融合了古希腊文明、古罗马文明、基督教文明和工业文明的精髓，四位一体。

其中的古希腊文明历史最悠久，又是后世文艺复兴的源泉。可以说，古希腊是西方文明的源中之源、典中之典。

纵观古希腊的历史，除了古希腊众神不答应，几乎所有欧美人都把一个男人当"神"一样崇拜，这个男人就是"亚历山大大帝"（Alexender the Great）

一般认为，这位"不在三界中，跳出五行外"的亚历山大大帝是个古希腊人。

但是……真的是这样吗？

当时的古希腊人，恐怕并不愿意承认亚历山大是自己人。

我们知道，古希腊是城邦化的文明。根据多年考古发掘可以确定，古希腊的城邦下限数量是 300 个，上限则可能多达 700 个。在这几百个城邦之中，可以说，多马其顿一个不多、少马其顿一个不少。

在古希腊一众城邦之中，文艺哲学看"雅典"，武勇斗狠看"斯巴达"，特立独行看"底比斯"，而可怜的"马其顿"，连基本的存在感都没有，天生一个"小透明"。

马其顿，一个多山的地区，它从西南奥林匹斯山山脚开始，沿塞尔迈湾的海岸，一直到东北的色雷斯，连接着希腊半岛，长久以来一直位于古希腊世界的边缘。

所以，古希腊核心区域历来把相对偏远、蛮荒的北方高地称为"马其顿"，"马其顿"几乎可以被视作是古希腊城邦文明的北方边境，说它是古希腊也可以，说它是蛮子也没毛病。

尽管当时的马其顿人讲着一口古希腊语中的"方言"，和其他古希腊城邦有着一样的神祇信仰，还有着相似的文化习俗，但这群"乡巴佬""土包子"依然被古希腊主流视为游牧的蛮族，而受到普遍轻视。

其实语言、习俗只是浮在台面上的借口，真正让马其顿不被古希腊主流接受的原因是台面下的那些腌臜事。

尤其当考虑到马其顿王国在公元前 512 年到公元前 476 之间受到过波斯帝国的统治，再考虑到古希腊和波斯之间的大战——"波希战争"（前 499—前 449）中，这群山地蛮子又曾经一度依附于古希腊的死对头波斯帝国，这种左右摇摆的态度，才最终坐实了"马其顿"是古希腊人眼中"蛮子"的印象，所以古希腊人普遍对马其顿王国充满鄙夷之情，也就在情理之中了。

除了波希战争中的摇摆不定，古希腊人视马其顿人为野蛮人还有语言学的相关证据。

荷马这位著名的史诗作家笔下的《伊利亚特》首先记录下了一个希腊词"Μακεδνος"。这个希腊词的本意就是'高山居民'的意思。

"Μακεδνος"按英文翻译是"Macedon"，从词根上看，今天的'Makedonija'（北马其顿）正是它的衍生单词。这里的词根"mak-"或"mek-"表示长度和高度，所以"马其顿"这个词的本意就是"高山居民"。

当时，自诩走在文明最前沿的古希腊人，听不太懂这一群北方山地蛮子的语言，听他们说话好像总发出"巴拉巴拉"的声音，在古希腊，该词是"barbarbar"。加州大学伯克利分校信息学院的语言学家杰夫·纳伯格说，该词与"barbarian"同根，暗示古希腊人眼里的这群人所说的话语是"毫无意义的噪音"。所以说，马其顿人说的方言在古希腊人眼里就基本等同于"噪音"，并因此蔑称这群山地蛮子为"Barbarians"，即野蛮人。

不难看出，马其顿王国在古希腊语境下的尴尬地位。

马其顿王国就在这样的语境下，默默地发展了上百年，直到腓力二世和亚历山大父子统治时期开始爆发，属于马其顿的命运齿轮悄然转动。

马其顿的王"腓力二世"（Philippe II）及他的儿子"亚历山大大帝"（Alexender the Great）靠军事力量打败"雅典-底比斯联军"，并于公元前338年入主古希腊，继而亚历山大接过父亲的旗

帜彻底征服了东方强大的波斯帝国，马其顿人才在古希腊人嘴里从
'讲巴巴语的人'逐渐变成自己人而被史书记载了下来。

当马其顿"入主中原"后，腓力二世和他的儿子亚历山大的名
字也逐步被语言学赋予了有趣的含义。

"腓力二世"（Filippos）在希腊语中有了意义，意思是"马的
朋友"：Filos＝朋友，Ippos＝马。

"亚历山大"（Alexender）也在希腊语中有了意义，意思是
"保护自己免受他人侵害的男人"：Alex＝盾牌，Andras＝男人。

父亲是马的朋友，儿子是持盾的男人，马其顿王国军事立国的
特点一目了然。

当然，如果我们习惯性地以这种传统视角凝视历史，就会很容
易忽略掉亚历山大的母亲。

亚历山大母亲的名字叫作"奥林匹娅斯"（Olympias），这个名
字的意思显然和马其顿附近的山脉"奥林匹斯山"（Mount
Olympos）有关。

奥林匹娅斯是伊庇鲁斯最强大的部落之一摩罗西亚人
（Molossians）的国王涅俄普托勒摩斯（Neoptolemus）的女儿。他
们居住的地方在今天希腊的"约阿尼纳"（Ioannina）地区附近。

公元前358年，摩罗西亚人成为登基不久的马其顿新国王腓力
二世的盟友。出于加强这个联盟的考虑，双方安排了一桩政治婚
姻——公元前357年，奥林匹娅斯成为腓力二世的妻子（其实是第
4位妻子）。

马其顿王国开始变得强大，恐怕跟这次通婚不无关系。这种政
治联姻，类似于现代人向银行贷款买房，你提前享受了房子的使用

权，而银行则享受了利息带来的 30 年复利增长。更直白地说，这种政治联姻关系是借助别人的鸡（势力）来生自己的蛋（收益），在经济学语境中，这种关系被称为"加杠杆"（leveraging）。腓力二世选择亚历山大作为自己的继承人，恐怕和亚历山大母亲部落的这波"天使轮杠杆"加得比较猛而大有关系。

必然的历史走向中，总是掺杂着偶然的变故，而偶然背后又是各方的算计。

等到腓力二世和亚历山大打败雅典-底比斯联军的时候，马其顿人——这群古希腊人眼里曾说着一口听不太懂的方言"阿提卡希腊语"（Attic Greek）的蛮子，终于完成了华丽转身，从曾经的"土包子""非主流"摇身一变成了整个古希腊文明的"话事人"。

那个男人——亚历山大大帝，随之宣称，他的主要目标是："将所有古希腊人统一在一个国家治下。不是雅典人、不是斯巴达人、不是马其顿人，只是希腊人。"他进一步解释：古希腊不是只有一个民族，他们这群人是由共同语言和共同文化统一起来的城邦联盟。

到这里，请思考这位天降猛男的格局和魄力，是不是和主导"书同文、车同轨"的大秦帝王颇有几分相似之处呢？

古希腊山地蛮子从几百个城邦中崛起的难度，可类比同样窘于戎狄之间、绝地求生于八百诸侯的秦国而得知……这印证了一个道理：成功都大同小异，失败却五花八门。

马其顿人终于迎来了属于他们的时代：他们不成功的时候分享什么都是笑话，他们成功的时候分享什么都是经验。马其顿王国的"马其顿方阵"（Macedonian phalanx）就在这对父子强势崛起后，逐渐广为传颂，毕竟世界总体是慕强的，这群蛮子能崛起，那肯定意味着他们做对了什么。

马其顿必然有什么过人之处，不然大家实在难以解释马其顿莫名其妙的成功。

"马其顿方阵"自有奇效，但马其顿王国的成功，肯定不是单靠马其顿方阵，不然人们为何不简单抄马其顿的作业呢？

问题是：马其顿王国算一个强盛的文明吗？

如果我们把时间尺度放得更长一点，就不难发现，历史上的政权保持一世的强大并不稀奇，稀奇的是持续数世强盛。

可是，问题又来了：马其顿算持久强大吗？

严格说来肯定不算。因为"马其顿帝国"和"大秦帝国"一样，其实是比较短命的帝国。从亚历山大大帝即位（前336年）到亚历山大大帝去世（前323年，马其顿帝国同年迅速瓦解），马其顿的帝国时代不过短短13年。而作为对照的大秦帝国，从大一统（前221年）到子婴向刘邦投降（前207年），也只有14年。

不难发现，这类纯军事帝国的国祚都非常短，甚至有人开玩笑说，大秦帝国的国祚还没有《秦时明月》这漫画连载的时间长。

抛开这些调侃之言和台面上的现象，我们需要关注这两大帝国在台面下那些还不为人知的本质。

不要忘了，马其顿王国不是只有腓力和亚历山大两位王者，大秦也绝非只有秦始皇、胡亥、子婴这三世而已。无论秦国还是马其顿王国，他们的国祚其实都不短，秦国有近600年封建史，马其顿也有近400年建国史。所谓的军事帝国"短命说"，是从它们统一各自文明到最终瓦解的时间来说的，但这种算法对他们显然不甚公平。

贾谊《过秦论》对秦国成为独大的霸权做了很好的总结："及至始皇，奋六世之余烈，振长策而御宇内，吞二周而亡诸侯。"可见大秦帝国的建立至少凝结了之前 6 任秦王的心血，这是从商鞅变法时的秦孝公开始算起的。

那同样的，马其顿帝国的建立也绝非亚历山大大帝的一世之功，而是靠之前几任君主打下的基础。

为了确定某个家族统治的国家，西方史学界一般用该家族姓氏缀以"王朝"来称呼它，比如"哈布斯堡王朝"。马其顿王国在西方历史学上指的其实是"阿吉德王朝"（Argead Dynasty，前 700—前 302），腓力二世、亚历山大都是这个王朝的君主。这非常类似于秦王都出自嬴姓，因此秦嬴一系也被中国史学界视为同一王朝。当然，古希腊不用姓氏，"阿吉德王朝"得名由来，和马其顿人自称是"阿吉阿斯的子嗣"有关。

英雄史观往往过多关注英雄个人而忽略他的身世传承，就像只看见一个点，而忽视了点背后的面。

秦和马其顿能够统一诸侯，绝非一朝一夕之事。那在亚历山大崛起前，除了他自己能力出众，还有谁在给他帮助呢？

亚历山大的母亲奥林匹娅斯就出了不少力。

奥林匹娅斯不光是腓力二世背后的女人，也不仅是亚历山大的母亲，更是独当一面的权力存在。

如果没有她，亚历山大很可能没办法如此顺利地继承王位，而如果亚历山大不能顺利继位，那后面他一路向东征服的壮举——带着马其顿的军队一路攻到埃及，又从埃及一路打到波斯，灭了波斯后一路杀到印度才停下来，建立了人类历史上第一个横跨欧亚非三洲的伟大帝国——就不可能出现。

而那个男人——亚历山大，他的封"神"之路从一开始就充满了荆棘，绝非是一条顺利的坦途。

公元前357年的夏天，腓力二世的王后奥林匹娅斯生下她的第一个孩子——亚历山大三世（为免混淆，后文均作亚历山大），此子就是马其顿王国的王储，也就是马其顿王国的嫡子（嫡子概念和中国不同），后来大家熟悉的亚历山大大帝。

不过，显而易见的是，马其顿人和摩罗西亚人的这种政治联姻，虽有利于巩固两个王国的联盟关系，对外能保持一致，但对内时，"腓力二世"和"奥林匹娅斯"之间却常常因为私人感情问题而出现严重裂痕。

简单说，政治婚姻从一开始在理性层面都是为了国家的民族大义，但最后在具体的操作层面往往沦为满足双方一己私欲的斗争。

腓力二世和奥林匹娅斯的婚姻状况自不例外，他们的关系很快就变得名存实亡，腓力二世的滥情和奥林匹娅斯的善妒，使得两人间的距离越来越远。

公元前337年，双方本就存在的矛盾进一步激化，当时腓力二世打算另娶马其顿王国将军阿塔罗斯的侄女克娄巴特拉·欧律狄刻为王后，这自然造成奥林匹娅斯、亚历山大这对母子与腓力二世之间的关系恶化。

腓力二世想靠婚姻"融资"的心愿很容易理解，只可惜他的野心很大，现实的操作空间又太小。妻子和儿子并不理会腓力二世扩张帝国的良苦用心，他们为了自己的利益对腓力二世大加批评！

这并不难理解：父亲即将再婚的消息让亚历山大作为王储的地位出现了尴尬，因为新任王后克娄巴特拉·欧律狄刻所生下的儿子，将很有可能成为新任王储，而且这个未来的威胁者将具有100%的马其顿血统（父母双方都是马其顿人），比亚历山大50%的马其顿血统更具法理性。之前腓力二世轻易和别的部落"加杠杆"的副作用最终在他的滥情时刻显现出来了。

有时候，加杠杆又需要适度地去杠杆就是这个道理。

事已至此，前王后奥林匹娅斯不得不自行跑回娘家摩罗西亚，待在弟弟亚历山大一世的宫廷中。而年轻的亚历山大三世，也为此事与父亲决裂，有一阵子流亡到伊利里亚去了。

看上去已经是死局，可腓力二世依然在想办法挽回。

公元前336年，腓力二世想到了一个绝妙的主意：他为修补与摩罗西亚国王亚历山大一世的关系，决定把他和奥林匹娅斯的女儿克丽奥佩脱拉嫁给亚历山大一世。

令人吃惊的是，摩罗西亚国王亚历山大一世对此也不做丝毫推脱，完全笑纳了自己这位前姐夫的"好意"。

这下亲舅舅娶了亲侄女，真可谓是"亲上加

亲"了。

如果这不是后世杜撰出来的小说情节，那我们只能说现实比小说来得更加离谱。

通过这又一次的政治联姻，杠杆上加杠杆，腓力二世成功地瓦解了奥林匹娅斯和她亲弟弟之间的同盟关系，这可能使奥林匹娅斯不会再得到来自弟弟的支持，从而使她陷入更加孤立无援的境地。

历史证明：腓力二世是把加杠杆给玩明白了。加杠杆的核心就是"用别人的鸡，生自己的蛋"，当然他这么胡来也把事情给彻底做绝了。

不过，一个小插曲的出现让历史走向转了个大弯。

公元前 336 年夏天，马其顿王国的旧都"培拉"（Pella）正在举行腓力二世女儿盛大的结婚典礼，她即将嫁给伊庇鲁斯摩罗西亚国王——她的舅舅，即她的母亲奥林匹娅斯的亲弟弟亚历山大一世。

谁也没有想到，正当腓力二世通过礼堂入口时，他竟遭到自己的近身护卫官帕萨尼亚斯（Pausanias）的刺杀。腓力二世未及躲闪，转瞬间就倒在了血泊之中。

这下，那个炎热的夏天就更加热闹了，马其顿王国有史以来最重要的红事和白事在同一天上演。

亚历山大，当天也在婚礼现场，当他眼睁睁看着父亲腓力二世被刺杀后，随即被婚礼现场的马其顿贵族和军队将领们拥立为了马其顿新任国王，当时他年仅 20 岁。

这就是他母亲提前把亚历山大立为王储的好处，因为新王储还未确立，而亚历山大这些年来已经有了一套稳固接班的政治班底。

面对这种复杂局面，年纪轻轻的亚历山大以雷霆手段登上王位，母亲奥林匹娅斯也因此得以重新从娘家返回马其顿王国。

亚历山大继位后，做的第一件事就是指责暗杀腓力二世一事为波斯国王大流士三世所指使。这样在国殇中的马其顿立刻有了一个外部敌人。

这种团结国内力量一致对外的手段虽然不高明，但的确有效，所有马其顿贵族都站到了亚历山大这一边。当然这一举措也为他日后发起东征提供了充分的借口，事实证明，后来整个马其顿王国乃至整个希腊城邦，都被这个 20 岁的毛头小子给绑到了对外战争的这辆战车上。

危机、危机，意味着危险中处处透着转机，这个年纪轻轻的男人一下子就抓住了其中的主要矛盾。

腓力二世遇刺这件事对亚历山大而言，简直可以说是瞌睡遇上了枕头——巧了。这下王储的位置稳了，对外战争的借口有了，父亲的婚姻再也发挥不了作用了。

亚历山大把一具微凉的尸体价值发挥得淋漓尽致，这时候我们就足以看出这个男人未来可期了。

有些时候，死人的价值比活人来得更高，关键是你怎么用好。恐怕当时年轻的亚历山大就是那么想的，也是那么做的。

作为此事件的另一个受益人，奥林匹娅斯的态度令人玩味。当时希腊各个城邦都传言马其顿前王后奥林匹娅斯对腓力二世被刺一事表现得尤其高兴，没有任何丧偶的悲伤。她演都不打算演，装都懒得装，算是司马昭之心路人皆知了。

虽然马其顿宣称波斯国王大流士三世是这起暗杀事件的策划人，但更值得怀疑的人应该是奥林匹娅斯。因为这件事对波斯有百害而无一利，但对奥林匹娅斯却是一本万利。

加上众所皆知的夫妻不和以及王储改立等问题，奥林匹娅斯的确有非常强的犯案动机，这使得她历来都被西方史学界视为腓力二世暗杀案的主要凶嫌之一。

作为马其顿王国的缔造者，腓力二世显然很懂治军和治国，但他似乎不太懂治家，尤其是在如何处理自己的女人这样的问题上。哪怕不是奥林匹娅斯买凶杀人，但这位王后的能力也绝不该被后世所低估。

腓力二世遭遇刺杀的时机极为神奇，难免不叫人怀疑这背后藏着很深的阴谋。

旧王突如其来的死亡，使得新王亚历山大和母亲奥林匹娅斯立刻重新握紧了马其顿王国的权柄，迅速回到了历史舞台的中央。

当然，这恰如其分的死亡背后有多少人在暗中运作，后世恐怕永远也没办法100%还原出来。我们现在距离事发时太过遥远，证据已经湮灭在时间中。后世之人可能永远也无从得知历史的真相，但不管怎么说，这对母子的确因为这场突如其来的暗杀事件而受益匪浅。

至于后世会怎么毁谤这对母子，对于他们这样的胜利者而言已经无关痛痒。总之一句话：后世猜测谁是凶手永远都只能停留在猜测层面，而当时那些只关注结果的历史大人物已经大步向前，享受胜利果实了。

腓力二世的死作为一起历史上著名的无头公案，记载于古罗马时期的希腊人普鲁塔克的《比较列传》（*Parallel Lives*）之中，普鲁塔克在书中坦言："该书的目的并非记载历史，而旨在说明英雄人物的性格如何决定命运。"这就是英雄史观。

由此可见，最早记载"腓力二世遇刺"一事的文献出现在几百年后的古罗马时期，且作者自己都说记载的恐非正史，演绎的成分居多。

不过，这场暗杀难道真的只是后世脑补出来的小说情节吗？

1977 年，希腊艾加伊（Aigai）墓葬群被考古发掘。艾加伊是古代马其顿王国的第一个首都，一般也称作旧都，位于今希腊韦尔吉纳的一个村庄附近。公元 5 世纪后，马其顿王国迁都培拉（Pella），艾加伊就成了埋葬马其顿王室成员和贵族的地方，相当于王陵区。

这里目前出土了 4 座马其顿的王族墓地，其中 1 号墓被普遍认为埋葬的就是腓力二世。因为，专家对 1 号陵墓中这位成年男子的腿骨进行了骨骼分析后发现，其上有一处严重的伤口是由长矛洞穿所致，这与古籍中所记载的，腓力二世在公元前 339 年的战斗中所受的腿部创伤相符。

很快这个发现在西方考古界引起了轰动，被认为是 20 世纪考古中最伟大的发现之一。

那这个考古证据可信嘛？

只能说，此说依旧令人怀疑，古人腿部受伤的比比皆是，哪怕发掘是王族墓地，也没法排除别的王族也有腿部受伤的情况出现。

虽说墓主的创伤是证明他是腓力二世的必要证据，但很显然并不是充分证据。

王陵结构和墓主伤势等情况总体符合墓主人是腓力二世的逻辑猜测，但也仅此而已，只能算逻辑上说得通而已。

不过，对于这些说法，我们也不用过于纠结，毕竟许多时候古史考古难于取证，不得不配合推理猜测，这种情况比比皆是，古今中外莫不如此。

我们与事发时隔 2 000 多年，后人很难有确信的证据。

言归正传，腓力二世大概率是被暗杀的，但无论暗杀腓力二世的幕后主谋是谁，腓力二世之死成就了亚历山大大帝是毋庸置疑的事实。

这种成就主要体现在两个方面：

一来，腓力二世的新婚妻子还没有来得及生下新的王子，这使得腓力二世也没有来得及执行"废长立幼"，没有造成马其顿王国进一步的分裂；二来，腓力二世自己也是一位雄主，他为儿子亚历山大留下了一个兵强马壮的伟大王国——马其顿，也留下了完备的马其顿方阵，这笔遗产不可谓不丰厚。

看样子，亚历山大年纪轻轻就获得了足够的遗产，这一切似乎是天命所归。

　　抛开无法考证的阴谋论不谈，对于马其顿王国来说，亚历山大顺利接班是一件天大的好事。马其顿王国因为这两位强主才能去侵略别人而不是被人侵略，随着王国版图的扩大，马其顿人的存在感前所未有地增强。

　　父子俩前赴后继开拓进取，成就了马其顿王国，使之力压希腊其他城邦一头，成为睥睨天下的盟主，马其顿人从此过上了挺起腰杆，享受奴隶和海外殖民的好日子。

　　所以，某种程度上，腓力二世之于亚历山大，相当于秦惠文王之于秦始皇。前人种树，后人乘凉。

　　是不是觉得这么说有点奇怪？明明是亚历山大白捡了一个马其顿的王位，为什么年纪轻轻毫无建树的他也能被称为大英雄呢？难道目前为止有关马其顿王国的这一切不是他父亲腓力二世一个人的功劳吗？

　　亚历山大从腓力二世那里继承了马其顿王国不假，但功劳簿上，亚历山大厥功至伟。

　　我们不妨把时间往回拨一点，拨到腓力二世遭遇暗杀的 3 年前。

　　公元前 338 年，腓力二世带着刚满 18 岁的儿子亚历山大与希腊同盟军在中部希腊地区展开战斗，即著名的"喀罗尼亚战役"（Battle of Chaeronea）。

　　简单概括这场战役：此战中希腊同盟军（雅典

和底比斯等城邦为首的联军）被马其顿的军队彻底击败。

在这场决定性的战役中，腓力二世率领马其顿军的右翼，而年仅 18 岁的亚历山大则率领马其顿军的左翼。

有关这场战役的记录，狄奥多罗斯（Diodorus Siculus）在他的《历史丛书》（Bibliotheca historica）里提供了一个较可靠的记载，他说："当两军接触，战斗激烈展开且僵持好一段时间，双方人马都有许多伤亡，两方也认为自己将会获得这场胜利。"接着，狄奥多罗斯提到当时年轻的亚历山大，"他的内心就像是要显现出他的英勇给他父亲看一般"，在他的伙友骑兵（Companion cavalry）帮助下，左翼部队率先撕破希腊联军右翼的阵列，迫使他们逃遁。同时，腓力三世也瞅准时机亲自率右翼击败了希腊联军左翼，让敌人败逃。

由此可见，在马其顿王国最关键的战役中，初出茅庐的亚历山大就已经表现得和久经战阵的腓力二世一样亮眼了，甚至更为出色。

另外，普鲁塔克也说亚历山大是第一个击破精锐底比斯圣军的将领，而这支部队布署于希腊联军方阵最右边的位置。在古希腊传统中，这一位置都是留给最精锐的部队。不难看出，18 岁的亚历山大在此战中的表现应该说略胜他父亲一筹，啃下了此战中最难啃的一块骨头。

所以，腓力二世带着亚历山大捞战功之说，毫无疑问是无稽之谈，亚历山大的战功是自己打出来的。

公元前 338（或前 337）年，正是携此战之余威，腓力二世才能在科林斯（Corinth）召开全希腊会议（仅倔强的斯巴达缺席），会议约定成立"马其顿－全希腊"的永久性同盟，盟主毫无悬念当然是马其顿。此次同盟就是著名的——"科林斯同盟"（League of Corinth）。

历史一再证明：当你达到一定高度时，全世界都将对你彬彬有礼，当你的高度更高一些时，全世界甚至都将对你匍匐在地。

会议决定维持各城邦现存法律及秩序，并决定东征阿契美尼德帝国。这个绕口的阿契美尼德帝国，其实就是大家熟悉的波斯第一帝国。

不难看出，东征波斯是早在腓力二世活着的时候就已经定下的基本国策，而继任者亚历山大只是很好地贯彻执行了这个既定国策罢了。

不难想象，此时马其顿国王在希腊的地位非常像中国春秋时的霸主，他们会盟天下，因为各路诸侯都会响应号召与会，从而确立起其盟主地位。这里的盟主即为霸主。

不过，按春秋五霸的情况来分析，所谓的霸主都只有一世之功而已（齐桓公、晋文公、秦穆公等等），由此可见，马其顿在一众城邦中的霸主地位恐怕也不会持久。这种盟主或霸主地位总体是比较脆弱的，即"三十年河东，三十年河西"。

此时的马其顿，虽凭借一战之威得以号令希腊的"天下诸侯"，但无论是文化影响力，还是武德感召力，马其顿都无法让周遭心悦诚服，它的盟主地位并非牢不可破。马其顿内部的勋贵世家等着分享利益，马其顿外部的各大城邦伺机取而代之。

因此，为了维持科林斯同盟内脆弱的平衡，作为盟主的马其顿很有必要强硬地采取一个行动，比如：确立一个对立面！

利益上当然要加杠杆，但风险上马其顿亟需去杠杆。树立对立面，其实就是一种瓦解内部危机的好办法，是一种去风险去杠杆的手段。

在文化传统上，马其顿在一众城邦中并不算优秀，仅仅靠一战之功就想要和希腊各个城邦打成一片并不容易；其次，希腊的城邦总体处于松散的状态，除了雅典和斯巴达曾经辉煌一时，一直以来古希腊都缺乏一个统一且强有力的中央城邦来号令诸侯，雅典、斯巴达做不到的，马其顿想做到又谈何容易。

如何在这种局面下确保自己的地位，统合四方，是非常麻烦的一件事。相较之下，最简单的方法就是通过确立一个对立面来确立自己。这也是"党同伐异"的真正意义。

《道德经》中说"反者道之动，弱者道之用"。任何事物、任何现象、任何状态都不会永恒常在，都只是暂时的，一切都在发展的过程中，我们能拥有的，只不过是当下的刹那而已。就此而言，确立对立面是一种确立自己的好方法。

马其顿该挑选什么样的对立面呢？

那就是一个足够强大的对手。要"足够强大"到可以用它来持久地笼络人心，同时又"足够强大"到自己可以战而胜之。这是因为一旦对外战争打输，国内的人心很快就会溃散，一旦溃散，盟主之位也就再也做不下去了。

中国春秋时期的霸主们都是怎么做的？

四字真言——"尊王攘夷"。

尊王攘夷是为了拥护姬周王室吗？恐怕尊王攘夷也只是一种方法，一个为了维护霸主地位而采用的口号，显然和曹操"挟天子以令诸侯"的那套如出一辙。

阿契美尼德帝国就是希腊城邦联盟足够强大的对立面，是一个口号、一个靶子。其实对立面叫什么名字本身并不重要。

这种局面下，和马其顿人一起打波斯的就是新联盟中的自己人，而那些在内部或外部阻碍他们的就是和波斯站在一边的敌人。波斯第一帝国就是马其顿时代的"夷"。

树立敌人是马其顿统治者想出来坐稳盟主之位的好办法，这样不仅避免了其余希腊城邦的竞争威胁，还可以整合各城邦资源，把内部矛盾东引。

不难看出，所谓的柯林斯同盟，从宏观上看就是为确立"我们"和"他们"这种非此即彼的关系而存在的盟约关系。

这里涉及本书梳理出来的第一条重要史实：公元前 337 年，科林斯同盟成立后，古希腊的各个城邦依旧存在，这些政权都没有被马其顿王国消灭，哪怕是最抗拒马其顿的斯巴达也被完整地保存了下来。大家都在腓力二世和亚历山大的武力威慑下紧密地团结在以马其顿为首的城邦周围，以其"马首是瞻"。所以说历史上统一古希腊的马其顿帝国其实从来也没存在过，那只不过是民间的叫法。马其顿王国只是在名义上成为了古希腊城邦的"天下共主"，这更像是中国春秋时代的那种盟主，而当时古希腊各大城邦的自我功能依旧是独立而完整的。这些城邦王国既不是马其顿分封的，又不认可马其顿的那套价值，哪怕在武力上也只是暂时屈居人下而已，这和周朝分封自己的亲属成为诸侯"以藩屏周"的格局可以说完全不同。

相比之下，当时世界的东方，截然不同。公元前337年正是秦孝公和秦惠文王交接之际，这时候的秦国已经实行了商鞅变法，"县制"已经在秦国境内推行。所以当时秦国事实上已经只有一个高度集权的中央，秦国的这套"郡县制"一直沿用到了秦始皇大一统建立秦朝之后。当时的秦国，在县制基础上实行军功爵制，有一套完整的"劳、论、赐"的奖罚制度。士兵获得军功后，朝廷赏赐其土地，这是根据户口并由所在县的当地政府完成的，已经形成了体系，所以秦国在地方上已经没有任何实权诸侯存在了。比如，根据《史记》记载，秦孝公时商鞅虽获封商君，为彻侯（汉朝时为避刘彻的讳，改称列侯），因此他拥有一块封地"商邑"，但其实这块封地不大，也只有少量邑兵存在，后来秦惠文王轻而易举地以谋逆罪剿灭商鞅。可见商鞅只是中央政府下的高级官员而已，而非秦国内的诸侯。

别忘了，彻侯是秦国军功爵制中最高的一等，也不过如此，可见秦国变法后，秦王的中央集权。

简单来说，此时秦国的政治结构，已经不再容许割据一方的诸侯存在了。

不难看出，同样都在公元前 337 年这一年，"马其顿"和"秦"两大强邦显示出的制度已经完全不同：马其顿王国更像春秋时的盟主，而秦国则已经走上了中央集权的道路。

科林斯同盟更像是群星璀璨的星河，而秦国这边已经从群星璀璨变成月明星稀的月夜了。

结构性的差别，自然会造成当它们各自对外用兵时所使用的方法上出现根本性的差异。

根据科林斯同盟的约定，如果波斯帝国入侵希腊，那么希腊各个城邦的盟约关系就会自动生效，一国被犯，他国共御！这叫守望相助，也就是"集体自卫权"。

不过，如果当带头大哥的马其顿想要入侵波斯，希腊各个城邦却没有义务陪着它一起出兵。

当时科林斯同盟的这种盟约关系之所以存在，就是因为希腊缺乏统一的中央，所以才需要会盟。盟友间的集体防御是为了保障各城邦自身的利益，但集体侵略别人完全是另外一回事，因为很难理清各自的责任和义务：输了要面对各自城邦内的质疑和反弹，哪怕赢了也会出现分赃不均或扯皮的情况。

而同时期的秦国，因为已经高度中央集权，无论进攻和防御都是由秦王和少数王公大臣来决定的，决策效率上恐怕会比以马其顿为盟主的科林斯同盟来得更高效一些。

➤ 真实历史中的亚历山大大帝

前文中，我们得出了一个基本史实：从宏观上看，马其顿王国和秦国的制度是不一样的。那从微观上，尤其是以古罗马史家普鲁塔克的英雄史观角度看，单个英雄人物的出现到底在多大程度上影响了以上这两个国家的历史走向呢？

很多人年轻时都想着去改变世界，都想做英雄，但随着心智越来越成熟，这些人往往会发现自己其实并没有改变过世界，而总是反过来被世界改变。

这就是理想和现实间的落差。

难道说就没人能跳出命运的桎梏，凭一己之力去改变世界吗？历史上总有这种英雄人物吧？

如果这种能左右历史走向的英雄真实存在，那他的这种影响又到底能有多大呢？

一切的一切，都要回到我们最基本的那个问题：亚历山大大帝，在真实历史中真的如此伟大吗？

回答这个问题之前，我们不妨先思考一下：亚历山大三世，他在真实历史中到底有没有存在过？

著名军事作家钮先钟在《西方战略思想史》中这样评价亚历山大大帝："亚历山大的伟大几乎无法用语言来形容……相比言之，项羽是长于战斗，韩信是长于战术，刘邦是长于大战略，但亚历山大似乎是三者兼而有之。"

按钮先钟先生的话来理解，亚历山大大帝似乎集合了"项羽、韩信、刘邦"三者之长于一身。如果这样的人物真实存在，那他毫无疑问将是一个"怪物"。

纵观中国先秦史，集这三家长处于一身的人有吗？很难想出来。

古希腊的一个偏远小邦——马其顿，真的能诞生出这样的"怪物"吗？

按西方史书记载，亚历山大是王族出身，年轻时师从古希腊三贤者之一的亚里士多德（Aristotle），18岁起随父征战打败雅典和底比斯，进而至少在台面上"统一"了古希腊。他又在父亲被暗杀后第一时间迅速稳住局势，进一步带着马其顿兵团在十年间横扫中东、西亚，不费吹灰之力入主埃及，马不停蹄荡平波斯第一帝国（阿契美尼德王朝），最后还顺便到印度刻了个"到此一游"。

20岁征战东方，33岁去世前建立了横跨三大洲的伟业，还未尝一败，这样的伟男子，只有网络小说敢写了。

相比之下，在中国的先秦时代，我们见过各种横空出世的天才将领，比如吴起、白起、孙膑等等。但这些人好歹是在相对熟悉的环境下作战，补给线也不是动辄大几千公里，而且这些天才要不就是将，要不就是帅，没有哪个先秦的君王会拥有亚历山大大帝这样"天神下凡"般的综合能力，且各个单项能力也都是独一份的天才存在。

这个男人——亚历山大，如果真的存在，那才真的叫人"压力山大！"

短短十数年时间里，他仅凭借几万军队、几千骑兵、几百战船就远征了上万里之外的埃及、波斯、印度。这可全都是在希腊境外作战，气候、环境、补给、语言、风俗、医疗等各方面情况，都需要面面俱到地掌握。对于亚历山大而言，天时、地利、人和这三要素中，地利首先就不占优。

这种局面下，百战百胜无异于游戏开挂了。如果这样的"怪物"真的存在，那后世称他为"神"，当然也并不为过。

考虑到亚历山大大帝一生彪炳的功绩太过夸张，夸张到近乎离谱的程度。所以很多人纷纷转念质疑：亚历山大大帝太过强大，强大得恐怕并不真实存在。

甚至芝加哥大学历史系教授唐纳德·F. 拉赫（Donald F. Lach）也在他的《欧洲形成中的亚洲》一书中写道："亚历山大大帝的形象是一步步构建起来的。"而构建他的目的只是为了吹捧古希腊文明，也为了说明欧洲文明自古以来的优越性，造成从古至今东方都不如西方的印象。

由此可见，怀疑亚历山大大帝存在的不光是一般网友，甚至连部分西方专家学者都觉得亚历山大帝大有被后世层累出来的嫌疑。

那么，如果真像这些人说的那样，亚历山大在真实历史中不存在，那我们继续讨论他伟不伟大就根本没有意义，因为那从一开始就是一个伪命题。

亚历山大的"皮"之不存，那他伟大的"毛"将焉附？

那本书又该如何来证明亚历山大大帝的存在呢？

篇幅关系，我们的方法非常简单粗暴：不去证明他的存在，而是反过来去证明亚历山大大帝的不存在。如果证明了他不存在，世界会发生哪些改变？如果这些变化是不可能的或不能被人们所接受的，那就等于反过来证明了他的存在。

首先，如果亚历山大不存在，那世界上所有扑克牌将不再有梅花 K……因为其他 3 张 K 都是历史中真实存在的人物。因此，许多人热衷的斗地主就只剩下 53 张牌，这样一副牌就没办法平分给 4 个人，这当然是令人无非接受的！

其次，如果亚历山大不存在，那大英博物馆中的"亚历山大银币"（Alexander coins）也将都是赝品。这类银币一般重为 17.25 g，一面是亚历山大大帝头像，另一面是雅典娜头像，上面铭刻有古希腊文。最关键的是，这类银币在世界上并不罕见，甚至有时人们还可以在像"沃尔玛"（Walmart）这样的超市里买到它，品质差点的一般只需 30 美元，品质好些的要价也不过 900 美元，这多少说明此类银币的保有量非常惊人，有人估算过这种"亚历山大银币"曾一度铸造了超过 2 000 万枚，这种数量的银币只能出现于一个伟大的帝国之中，纵观古希腊的

历史，能做到的只有一个国家。而这些银币据说都是用亚历山大大帝掠夺自波斯帝国的白银铸造而成。如果亚历山大大帝不存在了，一个更有趣的问题就会随之而来：这些古希腊银币上的人物是谁？这种规模的银币，哪个城邦有能力铸造？哪位古希腊人物能有这样的气魄？这些白银从何而来？

再次，如果亚历山大不存在，那么古巴比伦遗址出土的一块楔形文字泥板（BM-36304）也将是后人伪造的。对于这块泥板的最早解读于 1975 年首次发表在《亚述和巴比伦编年史》一书中。

这块编号为 BM-366304 的泥板，很多时候也被称为"高加米拉的天文日记"（Astronomical Diaries），而且这类"天文日记"并非只此一片，而是一批。"天文日记"是古巴比伦人刻在泥板上的一大批观天象的天文文书，目前绝大部分收藏于大英博物馆。

古巴比伦人会定期观测当时的天空，并做记录以验证预言的吉凶。一般认为这种观测很可能始于公元前 747 年至公元前 734 年期间，目前考古发现的古巴比伦最古老的"天文日记"泥板可追溯到公元前 652 年至公元前 651 年，而最近的也可追溯到公元前 61 年至公元前 60 年。这种跨度近 600 年的天象记录，说明生活在古巴比伦城附近的迦勒底人的活动很多时候和天文、星象有关。

很显然，BM-366304 泥板上记录的内容正与亚历山大大帝参与的著名的"高加米拉战役"（Battle of Gaugamela）有关。在这场战役中，亚历山大大帝亲自率领马其顿大军击败了大流士三世所率领的波斯大军，这是两位王者间的第 2 次对决。此战中，亚历山大大帝摧毁了波斯军团的主力，这也注定了波斯帝国此后再无力支撑起庞大帝国而将迅速土崩瓦解。

如果亚历山大大帝不存在，那这些古巴比伦的天文泥板也必然都是伪造的，且这也没法解释为什么阿契美尼德王朝会在公元前331年左右分崩离析。这个时间正好是高加米拉战役结束的时间。

最后，如果亚历山大大帝不存在，一个考古上的概念"希腊化时代"（Hellenistic period）恐怕就没办法解释。

这个"希腊化时代"始于亚历山大大帝之死（公元前323年），终于罗马共和国征服古希腊本土（公元前146年），或亚历山大死后，其帝国继承者之一——托勒密王国的灭亡为止。

西方史学界普遍认为，在这180年左右的时期，古希腊文明主宰了整个地中海东部沿岸的文明，所以称这段时期为希腊化时代。亚历山大逝世后，他的帝国分裂成众多由他的将领自立为君主的希腊化国家，这些希腊化国家又延续了一段不短的时间。随着亚历山大去世，周边臣服的邦国都已经打算摆脱马其顿的控制，于是在公元前3世纪和公元前2世纪，西亚各地掀起了反抗浪潮，不过这些新形成的王国在保有自身文化因素的同时也或多或少继承了希腊化的要素，例如安息—萨珊波斯的建筑和雕刻，或者更遥远东方的古印度犍陀罗艺术，这些希腊化时代及其之后的亚洲艺术与亚洲上古艺术形成了很大的差别。还有一些古老的西亚小国也受到希腊文化的强烈影响，如佩特拉（Petra）和帕尔米拉是西亚历史上著名的希腊化王国，这些国家的建筑和雕刻也浸润了希腊化时代的建筑技法和装饰纹样。

综合以上四点来看，如果亚历山大不存在，那现行世界的压力只会更大。如果亚历山大不存在，世界上就有很多无法解释的现象和事件。

虽然亚历山大大帝的墓穴还没有被考古定位和证实，但不能因为没找到他的墓穴就批判说没有他这个人，毕竟秦始皇陵也没开挖，在没挖之前我们也不能否认秦始皇的存在。基于以上种种证据，还有全世界近 70 座以他名字命名的历史城市来看，我们基本可以认为：亚历山大大帝并非虚构出来的人物。

如此，我们现在不妨来讨论：亚历山大大帝到底有没有西方史学界声称的那么伟大？

毕竟中国历朝历代都会不断加工和美化各自的先王，这种现象在历史学界被称为"层累"，那西方对亚历山大大帝有没有层累呢？

答案是肯定的，只是这个层累的程度到底是多少？

层累历史并非什么丢人的事，全世界各地都或多或少有美化层累自己历史的现象，这并不奇怪。

那亚历山大大帝的伟大，有多少美化成分呢？

从大方向上来说，亚历山大被传"灭掉万国"以及"拓地万里"是完全违背事实的。严格来说，亚历山大大帝只灭了一国，那就是波斯阿契美尼德王朝，只是正好这个阿契美尼德王朝的疆域横跨了欧亚非三大洲而已。应该说，阿契美尼德王朝才是历史上第一个横跨欧亚非三大洲的国家。

　　亚历山大帝国的版图跟波斯帝国的版图总体上是高度重合的。可见，亚历山大帝国只是做到了两件波斯人没做到的事情：一是控制希腊诸城邦，二是控制印度河部分流域。

　　事实上，在波斯和古希腊文献中，亚历山大大帝也是以波斯帝国继任者自居的。他惩罚了弑杀波斯末代君主大流士三世的波斯将领，并善待了大流士三世的妻子和女儿；甚至还娶了波斯帝国一个边疆总督的女儿，为一众追随他的希腊将领安排了和波斯贵族女子的集体婚礼；用波斯礼仪统治宫廷，还因此被希腊的保守势力诟病为对波斯人过于谄媚。

　　本书的观点是：亚历山大真实存在，但他的伟大需要进一步祛魅。

　　这不是否认他的伟大，毕竟亚历山大的存在是客观的，但他到底伟大到什么程度却是非常主观的。

　　波斯第一帝国的版图是由居鲁士大帝、冈比西斯二世、大流士一世等几代波斯君主逐步确立起来的，而亚历山大大帝一个人只用了 10 年时间就征服了波斯，这个意义上，他是伟大的。他死后，马其顿帝国也确实分裂了，但这种分裂并不是由各地的不同民族的独立政权建立新的国家，而是他手下的那些军头对这笔丰厚遗产的瓜分，那些版图成了只比他稍差一筹的继任者们争霸的舞台。

　　亚历山大大帝没有保住阿吉德王朝，这是毫无疑问的，但马其顿帝国也确实不是建立在流沙之上的，继任者的那些政权最终衰亡也是在亚历山大死后几百年才发生的。而在大航海时代前，西方文明远征能够到达印度河流域的，的确仅此一人，就这点而言，亚历山大的确是伟大的。

之后克拉苏惨败于卡雷，图拉真也不过是占据美索不达米亚，他们的势力范围也都不及亚历山大大帝。

不过，亚历山大大帝的这份伟业算不得什么可以捧上天的神迹。毕竟横扫旧的中东诸帝国，横跨欧亚非这件事，波斯人早就做到了，华夏也出现过几千军队横扫一个广袤王朝的情况。亚历山大大帝做到这些，虽然难，但也绝不是不可想象的，他摧毁的波斯帝国在当时已经不是一个伟大的文明，而是一个腐朽的文明。

也许我们要转变思想：野蛮从来不战胜文明，野蛮只摧毁腐朽。

另一个问题是怎么理解亚历山大大帝的"拓地万里"。很多人沿用中国式的逻辑去追索，这是不可取的。华夏原则中的开疆拓土，往往是在当地设立郡县，如秦始皇开拓岭南，设立南海郡、桂林郡和象郡；如果像卫青、霍去病、窦宪北击匈奴，勒石燕然，虽然更气吞山河，但是这些征伐没有在当地设立郡县去实控土地，这就不叫拓地。

亚历山大大帝的拓地，实质上是继承波斯阿契美尼德王朝的统治，很多时候是认可总督对当地的统治。

那他是如何统治那些边疆地区的？设立总督，羁縻，移民。这些举措跟东方的郡县、流官制度显然是不一样的。这类似于大唐王朝设立的西域都护府，本地的政权还是有相当的自主权。比如亚历

山大大帝进攻印度河流域，打败了当地的国王，因
为这个国王很英勇，亚历山大大帝并没有杀掉他，
反而仍然让他担任当地的国王，只不过战胜他后，
他就成了亚历山大大帝的附庸而已。后来塞琉古败
给了月护王，他就把这块地的宗主权转让给了孔雀
王朝。这种关系就是中国历史上称的"羁縻"，一种
事实上的附庸朝贡关系。

　　这种制度下，亚历山大大帝的对手面对的不是
亡国灭种的生死之战，而更像是从一个体系加入到
另一个体系的归队之战，高层贵族、王族的利益并
不受影响。

　　亚历山大大帝死后，希腊诸将瓜分了帝国的遗
产，也是"以某某为某某总督"的形式来实现对地
盘的控制，总督们可能服从于一个威望比较高、能
力比较强的继任者，比如卡山德（Cassander）、利西
马库斯（Lysimachus）、安提柯（Antigonus）、托勒
密（Ptolemaeus）、塞琉古（Seleucid）。

　　以上这些都是从宏观现象出发分析得来的，但
亚历山大大帝之所以能获得这些丰功伟业，当然还
有更微观的逻辑。

　　亚历山大大帝是如何一步步做到这些的？

　　往往宏观上看着容易的，微操上都是困难的。

　　我们后世看亚历山大大帝的一系列操作，常常
会有"我上，我也行"的感觉，但，真是这样吗？

先从比较可靠的史实出发。还记得前文提到腓力二世遇刺之后，亚历山大迅速掌握了马其顿的权柄吗？

那么这位 20 岁出头的年轻人，是怎么稳住马其顿王国统治者和希腊城邦盟主地位的呢？

亚历山大被拥立为王后，迅速地对腓力二世遇刺一案展开调查，马其顿王国进入"国家紧急状态"，他以此为借口消除任何威胁王位的潜在敌人，顺道清除异己。

林塞斯蒂斯地区（Lyncestis）的贵族三兄弟皆被他怀疑与刺客帕萨尼亚斯一起合谋刺杀了自己的父亲。亚历山大以此为借口轻易地杀掉了这三兄弟中的两个，但又好心地赦免了一个。

20 岁的亚历山大已经懂得一手铁血，另一手不赶尽杀绝的怀柔之道。

然后，亚历山大还以谋反罪处死了自己的堂兄阿敏塔斯四世（Amyntas IV）。

这些人死得冤不冤枉，我们无从得知，但我们知道的是，这些人都是马其顿王位最有力的挑战者。

另一边，听闻腓力二世的死讯，亚历山大的母亲奥林匹娅斯也自行从伊庇鲁斯的娘家迅速回到马其顿。她趁亚历山大不在首都之际，也迅速动手杀掉了腓力二世的新婚妻子克娄巴特拉·欧律狄刻，以及他们刚出世不久的女儿欧罗芭，亚历山大事后才得知此事，并因此对母亲的所做所为表示极大不满。

史实似乎一再证明："成功人士"往往在情况不明的情况下选择先行动手，能用手解决的问题，他们从来不靠嘴，手里握不住的，嘴上也得不到。

这可能正是中国俗话常说的"先下手为强，后下手遭殃"吧。

亚历山大母子二人在马其顿王国大杀四方才稳定了腓力二世被刺杀后"主少国疑"的局面，而且母亲奥林匹娅斯的手段一点也不比儿子差，只是可能她把事情做得太急也太过直接，并没有找到合适的理由就杀掉了对手。

这种情况下，如果亚历山大不出言谴责自己的母亲目无王法，那就太难看了。所以亚历山大谴责母亲的同时，我们似乎能看见他默然地接受了母亲的"善意之举"。虽然母亲的出发点可能也是为了她自己，但毫无疑问亚历山大的权力也因此更为稳固。

同时，亚历山大还下令处死先前与他结怨很深的腓力二世重臣阿塔罗斯，他母亲杀掉的克娄巴特拉·欧律狄刻就是这位阿塔罗斯的女儿。而阿塔罗斯这时正与帕曼纽将军率领马其顿的远征先遣军于小亚细亚作战。在腓力二世被刺杀后，雅典的狄摩西尼写信试图劝说这位马其顿重臣谋反，阿塔罗斯接信后立即把此事报告上去来撇清自己的嫌疑，但在克娄巴特拉·欧律狄刻死后，亚历山大认为让这位阿塔罗斯活着实在太危险，加上先前他多次出言不逊，多次当众侮辱亚历山大，亚历山大最终还是以他与雅典城合谋谋反的名义下令杀掉了他。

由此可见，对于清除威胁到自己的势力，亚历山大不会有一秒的犹豫，这也可以看出亚历山大对于母亲的出手，恐怕不会是真正的谴责。

最后，亚历山大并没有对同父异母的兄弟阿里达乌斯下手，毕竟阿里达乌斯智力不高，实力也不足以对亚历山大形成威胁。而阿里达乌斯有智力障碍这件事，根据普鲁塔克的记载，很可能是奥林匹娅斯在阿里达乌斯幼年时下毒造成的结果。

奥林匹娅斯之所以那么做，显然是要消除她儿子亚历山大的潜在竞争者。不过，这更可能只是一些民间的恶意猜测，然后被不太正经的历史学家当花边新闻写进了书里。因为并无任何证据显示奥林匹娅斯与这孩子的病况有关。亚历山大似乎还非常喜欢这个兄弟，也常常带他随自己一起出征，这一方面当然是为了保护他，但另一方面也是为避免使他沦落到别有用心的人手里成为政治人质，而威胁到亚历山大自己的王位。

20岁的亚历山大就有这般能力，可见他绝不是什么政治庸才，他的才干也绝不仅仅只在战场上有所体现。

福无两至，祸不单行。

亚历山大雷厉风行地处理完这些马其顿王国的内部矛盾后，外部矛盾接踵而至。

当腓力二世的死讯传到了希腊，许多希腊城邦都认为这是脱离马其顿霸权的一次大好机会，以雅典和底比斯为首的希腊城邦跃跃欲试。很多城邦都在密谋起义，甚至连色萨利人也欲脱离马其顿人的掌控，更不用说之前被腓力二世击败的多个蛮族部落了，他们也毫无例外都想要推翻马其顿。

亚历山大在得知各地准备叛变的消息后，决定首先处理希腊城

邦的叛变问题。他一边派遣使者以外交手段斡旋于
各城邦之间来争取时间，另一边亲自率领 3 000 名马
其顿精锐骑兵的先头部队疾行至色萨利境内。

当他来到色萨利的奥萨山和奥林匹斯山之间的
边界地带时，发现当地已被一支色萨利军队把守，
于是当机立断率军从奥萨山后迂回过去。当守军隔
日起来发现亚历山大已经率领精锐出现在他们背后
时，包括指挥官在内的所有人都惊惧不已。

于是，我们看见这群人很快做出一个英明果断
的决定——主动向亚历山大缴械投降。

随后亚历山大又马不停蹄地南下来到色萨利人
的城市地区。马其顿神兵天降，使得色萨利人在叛
变尚未准备好的情况下不得不向亚历山大投诚，拥
立他为色萨利同盟的新执政官。

这一再证明了亚历山大的治国理念：能动手时
绝不迟疑。

亚历山大随后让军队稍事休整，很快又带领这
支精锐骑兵继续往南疾行军，沿途的希腊城邦因为
听说亚历山大的行动太迅速而纷纷望风披靡，都改
变了反抗他的态度。

当亚历山大率领军队停留在著名的温泉关"风
景点"时，那些科林斯同盟中的会盟国都纷纷表示
愿意承认他才是同盟的新领导人。雅典、底比斯城
都向他祈求和平，希望伟大的亚历山大能原谅自己

这种被人蛊惑后幼稚的谋反举动。

对此，亚历山大也没做过多的严厉处罚，这恐怕一方面是因为自己带的军队不多，并不适合一味用强；另一方面当然也是出于笼络人心的考虑，毕竟罚不责众。

所以千万不要认为"马其顿王二代"的权力完全是继承的，权力更多的时候是靠自己争取的。

亚历山大又一次踏上了科林斯的土地，这次几乎所有希腊人都异口同声地再度承认了马其顿王国的盟主地位及其在希腊城邦之中的霸权，当然执拗的斯巴达人除外。

在科林斯，亚历山大再一次召开科林斯同盟大会，会上他毫无悬念地成为新科林斯同盟国统帅，接替了原本属于父亲腓力二世的位置，随后他再次重申自己将很快对波斯帝国发动东征，请大家回去做好准备。

在科林斯停留的这段时间，亚历山大在当地（今土耳其锡诺普，Sinop）与希腊哲学家第欧根尼（Diogenes）展开著名的会面。第欧根尼是犬儒学派的代表人物。亚历山大甚至保证自己会兑现他提出的任何愿望。

亚历山大很有礼貌地问他需要自己做点什么，第欧根尼却没好气地说："我只希望你能离我远一点，不要挡住我要晒的太阳。"这回答不仅没有使亚历山大不快，还使亚历山大更欣赏第欧根尼，后来他说："我若不是亚历山大，我愿是第欧根尼。"这段话，在《西方哲学史》中又一次被罗素引用。

之后，亚历山大大帝又收到色雷斯不太平静的报告，于是他不得不重返马其顿王国。

由此，我们基本可以得出第二条重要史实：亚历山大大帝，真实存在于古希腊历史之中，而他日后获得的那些伟大的成就，从根本上看似乎是来自于他从小受到的良好教育。腓力二世甚至为他请来了亚里士多德教他知识。

所以说，亚历山大最初的伟大，包括但不限于父母的精心培养，还受惠于他身为王储早早的历练以及周遭时刻要面对的斗争环境。亚历山大的伟大既有对父母伟大的继承，也有自己伟大的成长。

亚历山大继位之初和东征之前的这段时间里，他做了一系列重要举措，这些举措都是为了稳定科林斯同盟关系而采取的。

表面上，马其顿王国虽然从腓力二世平稳过渡到了亚历山大三世，但明眼人应该都看出来了：希腊各城邦的观望态度明显，这群文明人只帮最强者。亚历山大能稳住即将分崩离析的盟约局面，得益于他对整个希腊城邦体制最精准的洞见，以及他带着军队迅速平叛的执行力。而哪怕他快速稳住各盟邦的阵脚，对马其顿王国，以及把希腊各城邦都捆绑到自己身边的同盟关系而言，依然前景不明，这些自诩文明的希腊诸邦，似乎总是从心底对马其顿做他们的盟主有些不服气。

这里，我们注意到亚历山大在平叛中，率领了一支重要的骑兵部队，如果没有这群追随他南征北

战的骑兵精锐，恐怕他的伟大就要大打折扣了。

那这是一支怎样的马其顿军队呢？

▷ 腓力二世的军事改革

在腓力二世还不是国王的时候，即在他少年时期（前 368—前 365），他曾在称霸希腊的底比斯城做过人质。虽然，腓力二世总体算是被软禁在那里，但他依然能接触到底比斯伊巴密浓达（Epaminondas）将军的军事和外交教育。不难看出，在异邦做质子的腓力二世其实非常类似于在赵国做人质的秦国公子嬴异人（秦始皇嬴政的父亲）。

在公元前 364 年，腓力二世"留学"归来回到了马其顿王国。此时，腓力的兄长佩尔狄卡斯三世（Perdiccas Ⅲ）在位，他在公元前 359 年逝世，随后其子阿敏塔斯四世（Amyntas Ⅳ）即位，但他只是一个挂名的国王，因为当时他还只是一个幼儿，完全没有执政能力。

这就是中国历史上多次出现的情况，即"主少国疑"。

"主少国疑"是君主制国家躲不开的话题，在国家政权交接时，"主少"可以指年龄小，也可以指力量弱。显而易见，马其顿的新王二者兼备。

马其顿国内的贵族都在观望，谁赢他们站在谁的一边。

很快，腓力二世就毫不客气地当上了这位王侄的摄政王。面对至高权力的诱惑，不用怀疑，腓力二世没有丝毫抵抗力。

同年，腓力二世也没怎么抵抗自己的道德，篡了侄儿的王位，自立为王。

那为什么说亚历山大大帝的伟大绕不开他的父亲腓力二世呢？

事实上，亚历山大即位时的马其顿王国已经非常强盛，且有一支骑兵能征善战，背后的奠基者就是腓力二世。

腓力二世即位后，他卓越的军事才能和扩张雄心开始显露。

马其顿王国的变革和中国各个朝代的变迁，本质上都是军事勋贵集团的更替，所以这种交接都带着强烈的军人从政的味道。

因为这些军事勋贵集团的继位往往合法性不足，所以他们很自然会通过对外扩张来建立合法性，这种情况在中国历史上同样屡见不鲜，比如唐太宗李世民和明成祖朱棣等。

虽说腓力二世即位之初的马其顿，"国际处境"比较困难，因击败前任国王的伊利里亚人依旧对马其顿虎视眈眈，伊奥尼亚人和色雷斯人入侵并洗劫了马其顿王国的东部地区，而雅典人则与马其顿的王位觊觎者——阿尔戈斯（Argeus）合作，于迈索尼（Methoni）海岸登陆，并在此地站稳了脚跟。

主少国疑的局面并不是简单篡位就能稳定下来的。正所谓"欲戴王冠，必承其重"，古典时代的君王，依然是一份高风险、高回报的差事。

面对这些外部干涉势力，腓力二世决定首先利用外交手段——以缴纳贡品的方式来解决伊奥尼亚人和色雷斯人的入侵，就是打算"花钱消灾"，送走瘟神。同时他又集中马其顿的精锐于公元前359年在战争中击败了3 000名雅典城的重装步兵。

两手抓：一手软，一手硬。

之后，腓力二世认为暂时已没有其他对手的威胁，于是开始专注于强化马其顿王国的内部核心，即着手"改革军队"。

他发现，马其顿王国的军队相比其他希腊城邦军队总是显得落后，马其顿军队的装备和训练在希腊城邦中不仅没有优势，甚至可以说是落后的。

问题就是：同质化严重且技术装备落于人后。人很难用敌人的方式打败敌人，马其顿的军队必须另辟蹊径。

对于马其顿军队改革，腓力二世最重要的创新无疑是"马其顿方阵"，但大家要注意：马其顿方阵并非只是用步兵方阵去冲阵杀敌。

他让步兵装备上著名的"萨里沙长矛"（Sarissa），这是一种超长长矛，长度惊人，约3到7米。步兵持长矛方阵组成了马其顿军团的核心——锤砧战术中的"砧板"。

至于腓力二世为什么会发明那么长的长矛，以及萨里沙长矛和古希腊标枪有何区别等问题，我们将在后续章节中详细说明，这里不做过多赘述。

阿斯克列庇欧多图斯（Asclepiodotus），一位公元前1世纪的古希腊军事作家，他在《战术》一文中记载了马其顿方阵所使用的萨里沙长矛的数据。此外，根据希腊化时代历史学家波利比乌斯

（Polybius）的著作《历史》一书记载，萨里沙长矛的长度为 14 腕尺，换算下来就是约 6.93 米。

后世常常好奇，这种长度的长矛，真的适合拿来作战吗？按理说拿都拿不稳吧？

这里再次特别指出："马其顿方阵"不是只有手持萨里沙长矛的步兵方阵，其实马其顿方阵中还有骑兵方阵以及其他各种不同兵种存在，他们之间的相互配合恐怕比武器改良来得重要，这在后文也会展开。

就结果而言，腓力二世开始的军事改革，以及子承父制的亚历山大发扬光大了这套军队制度，最终使得马其顿王国坐稳了希腊盟主的宝座。

军事改革后不久，腓力二世曾与伊利里亚达耳达尼亚（Dardania）国王的女儿奥姐塔（Audata）结婚。然而这场政治婚姻丝毫没有妨碍腓力二世向伊利里亚进军的脚步。在公元前 357 年马其顿军队对阵达耳达尼亚军队的一场激烈战斗中，有 7 000 名伊利里亚人被杀，可见上述军事改革的成效以及腓力二世的霸道无情。

战场上的血腥，带来的是腓力二世的荣耀。腓力二世的名声已经远至内陆的奥赫里德湖一带，并因此引起了伊庇鲁斯人的注意。很快，他就与伊庇鲁斯摩罗西亚王国的公主奥林匹娅斯结婚了，这才是马其顿王国的主线故事。

这里涉及本书得出的第三条重要史实：腓力二世夺权之后，马其顿王国逐渐强大起来，这可能是因为摄政王夺权都需要用一番作为来彰显自己的合法性。腓力二世平定了周边虎视眈眈的各方势力，可能在对决中，他逐渐发现了马其顿军队的问题，于是开始改革马其顿军队。

军事改革之所以成功，一方面是因为他发明了"萨里沙长矛"这种兵器，另一方面是因为他曾经在底比斯做人质的经历，使得他从底比斯人那里学到了深奥的军事知识。所以这次马其顿的军事改革，改革的是军备硬件，更新的是体系软件。

我们比较一下差不多同期的秦国就不难发现，战国时的秦王很少自己上战场打仗，既不身先士卒，也极少坐阵军前指挥。战国时代，王就是王，将就是将，分工已经非常明确。

王掌握着军权和祭祀权，就是"国之大事，在祀与戎"，而不用御驾亲征，像秦王这样的诸侯已经很少有亲自上战场的记录了。在中国，诸侯王走上战场的情况并不常发生于战国（前475—前221），更多是在春秋早期，比如公元前654年，秦国与晋国间的大战——"韩原之战"，晋国国君在这场战斗中被秦国俘虏。春秋早期的诸侯是会亲自下场战斗，所以才出现被俘的情况。

由此，我们不难看出，当马其顿的王"腓力二世"或"亚历山大三世"还在亲自率军打仗的时候，秦国似乎已经更新到下一个版本了，即职业化的军人，以及职业化的王。各司其职才是中国战国以后最大的政治正确。

言归正传，我们再说回军事改革后的马其顿。

当时，腓力二世驱逐了干涉他即位的雅典城重装步兵后，迅速采用外交手段与雅典达成协议：如果马其顿军队攻克了掌握潘盖翁山（Pangaio）金矿的城市——安菲波利斯，将拿此城与雅典交换马其顿在之前丢失的彼得那（Pydna）。

然而，在彼得那到手之后，腓力二世却一直控制着安菲波利斯，不愿将其交给雅典。这很好理解，毕竟谁不喜欢金子呢？

由于腓力二世的背信弃义，雅典于公元前 356 年向他宣战，他随之与奥林索斯城（Olynthus）主导的"卡尔西德联盟"（Chalkidian League）结盟。这一次，他又忽然遵守了他的承诺，当他征服了波提狄亚（Potidaea），就把它割让给了联盟。

同年，腓力二世也征服了克里尼德斯（Krinides），并改其名称为"腓立比"（Philippoi）。腓立比在马其顿的东部，他在此安排了一支强大的驻军，以便控制该地的金矿，这座金矿为他将来的大部分行动提供了很大的资金帮助。在此期间，腓力二世的将领帕曼纽（Parmenion）再次击败了伊利里亚人，请记住这位帕曼纽，因为此人在之后亚历山大东征的时候，是仅次于亚历山大的二号人物，算是马其顿的两朝元老。

公元前 356 年 7 月，"亚历山大大帝"出生，同时腓力二世在希腊奥林匹克运动会上赢得赛马项目。

不难看出，马其顿人和老秦人一样，都是热爱马术的民族，这也为我们后面谈到两军最重要的骑兵奠定了基础。

公元前355年至公元前354年，腓力二世包围了雅典人在萨罗尼加湾的最后一个据点迈索尼。在这场围城战役中，腓力二世失去了一只眼睛，而雅典尽管派出两支舰队前去支援，但迈索尼终究还是在公元前354年失守了。

公元前353年，腓力二世参加了希腊诸城邦间的"第三次神圣战争"（前356—前346）；同年夏，他侵入色萨利并击败7 000名福基斯军队。然而，福基斯人在随后的两次战斗中击败腓力二世并迫使他撤退。第二年夏，腓力二世卷土重来，在马格尼西亚（Magnesia）的克罗库斯平原战役（Battle of Crocus Field）中击败了福基斯军。

此役中有6 000名福基斯人阵亡，3 000名被俘，后来腓力二世还把俘虏们都淹死了。有关这部分的史料，主要来自于西西里的狄奥多罗斯的《希腊史纲》。

这场胜利堪称完胜，使得腓力二世在希腊建立起巨大的声望并获取斐赖（Pherae），之后腓力二世便被色萨利同盟推举为终身执政官（Archon），还获得了重要港口帕加塞（Pagasae）。然而，腓力二世无法即刻朝希腊中部进军，因为雅典城为提防他，已经派兵占据了天险——温泉关要道，这里就是著名的斯巴达三百勇士殉难的地方。

腓力二世因此才没有更进一步干涉第三次神圣战争的局势。

虽然马其顿并不打算与雅典全面开战，但腓力二世仍用"钞能力"扶持在埃维亚岛一个亲马其顿的"带路党"，来威胁雅典人。这个埃维亚岛是仅次于克里特岛的雅典第二大岛。

公元前 352 年至公元前 346 年这段时间，腓力二世没有再南下继续扩张疆土，他转而去征服马其顿北方和西方的内陆丘陵地带，并减弱沿岸希腊诸城邦的力量，而对于这一地区最强大的希腊城邦奥林索斯，他一直与其保持着友好关系。还记得前面腓力二世把自己征服的波提狄亚割让给奥林索斯的事吗？没错，他和奥林索斯的关系非常稳固，直到奥林索斯发现自己附近的地区都落入了好兄弟腓力二世手中为止。

腓力二世改革军队，显而易见给马其顿王国的扩张注入了灵魂，马其顿在他的治理下从一个北方蛮族，迅速崛起成为雄霸一方的霸主。

公元前 349 年，腓力二世率大军南下，围攻哈尔基季基半岛上的奥林索斯，一来是因为此地战略位置重要，二来是因为原本奥林索斯与马其顿关系和睦，但后来发现苗头不对继而与雅典结成同盟，加上他们还收容腓力二世的亲属阿里达乌斯以及其他马其顿王位的觊觎者，这自然被视作对腓力二世的挑衅。

雅典无法及时援救奥林索斯，因为雅典自己的埃维亚岛发生叛乱，使他们的援军在路途上就被临时招回。埃维亚岛叛乱很可能就是腓力二世用他的金币干出的好事。

马其顿军队在公元前 348 年占领了奥林索斯，

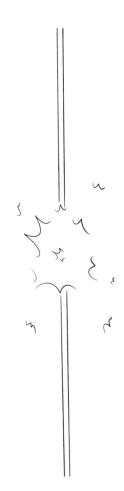

并把这座城市夷为平地，其他哈尔基季基半岛上的大小城邦也遭受了相同的命运。

解决了马其顿和邻近地区的后顾之忧后，腓力二世优哉游哉地在迪翁（Dium）举行了属于他的奥林匹克运动会，也算是劳逸结合了。

公元前 347 年，腓力二世率军征服东部希伯鲁斯河一带，迫使色雷斯的王子塞索布尔普特斯（Cersobleptes）臣服。公元前 346 年，马其顿与雅典的战争断断续续地进行，而当腓力二世率军南下色萨利后，雅典最终不得不与马其顿签订了《菲洛克拉特和约》（*Peace of Philocrates*），结束了这场无休止的战争。

此战之后，腓力二世接着派出使者前往斯巴达，说："你们最好早点臣服，如果不归顺的话，我会率军入侵你们的领土，摧毁你们的农田，残害你们的人民，夷平你们的城市！"而固执的斯巴达人仅短短回应："哼！如果。"

不过，哪怕腓力二世后来被推选为希腊城邦的盟主，最后依然没有让倔强的斯巴达人俯首臣服。

公元前 346 年至公元前 343 年之间，腓力二世借着马其顿强势的军力不时插手各大城邦政治，不经交战就渗入希腊各大地区。

公元前 345 年，腓力二世历经一场对阿尔迪安人（Ardiaei）的艰苦战斗，在战争中他的脚受了重伤，从此成了瘸腿的腓力。

公元前 342 年，腓力二世在色雷斯发起一系列战役，把色雷斯王国绝大部分地区合并为一个行省，这其中征服的一个重要要塞据点最终被腓力二世以自己名字命名为"菲利波波利"（Philippopolis），即今天保加利亚的第二大城市——普罗夫迪夫。哪怕时至今日，这个地方的拉丁语（罗马化）名字仍然为"Filippoúpoli"，和当年如出一辙。

后来在英语中，后缀为"-polis"的城市名也经常出现，如美国的明尼阿波利斯（Minneapolis）、印第安纳波利斯（Indianapolis），伊朗的波斯波利斯（Persepolis）等等。

这里的 polis（波利斯）来自希腊语，本意就是"城市"，可见腓力二世征服的那个色雷斯要塞名称，本意是说这里是属于腓力的城市。

其实通过这些，我们也能看出前文中提到的希腊化时代对后世欧洲、西亚的影响非常深远，这是一个基本事实。

最后，战无不胜的腓力二世更志得意满了，他向定居多瑙河三角洲南部的斯基泰人耀武扬威。然而当腓力二世围攻拜占庭，激战正酣之际，雅典却抓住时机和拜占庭结盟了。面对这种腹背受敌的情况，腓力二世终于对雅典城忍无可忍了。他决意与雅典开战。之后很快地，腓力放弃对拜占庭的围攻，"攘外必先安内"，腓力二世决定和雅典人好好算算账。古希腊史专家考克威尔先生（George Law Cawkwell）认为腓力二世之所以放弃对拜占庭的围攻，是因为他已经下定决心要全力对付后方的雅典，撤军回到马其顿以为日后要在希腊境内进行的战争做准备。

公元前339年，腓力二世介入第四次神圣战争。雅典、科林斯等城邦组成了"反马其顿同盟"。公元前338年，马其顿大军与希腊同盟军会战于中部希腊，即著名的"喀罗尼亚战役"，结果希腊同盟失败。马其顿大军主力南下伯罗奔尼撒，使斯巴达完全陷入孤立，此后腓力二世基本实现了对希腊全境的征服。

通过对马其顿发家史的梳理，我们可以得出本书的第四条重要史实：腓力二世在位时期，马其顿国力暴涨。一般认为，这种国力的忽然暴涨很大程度上和他对马其顿军队的改革有关，其军事改革恐怕不仅仅是发明了一个萨里沙长矛那么简单，而是全方位的改革。

而亚历山大大帝之所以能在跨出国门的境外战场上一次次战胜数量远超于己方的对手，我们暂时先抛开他本人惊艳的军事才干不论，其父亲腓力二世首创的马其顿方阵绝对功不可没。

那马其顿方阵到底有什么秘密呢？关于这点，我们稍后会重点讨论马其顿方阵如何发明，以及如何应用。

作为马其顿背景调查的结尾部分，我们来做一个回顾总结。对于"亚历山大大帝伟大不伟大"这个问题，我们首先通过文献和考古二重印证的方法，说明亚历山大是真实存在的。一旦确认他是真实存在的，接下来就研究他到底有多伟大。

按编年史的方法梳理腓力二世称霸之路后，我们不难发现，除了亚历山大自己出众的才干外，恐怕他的伟大更多得益于他雄才大略的父亲一路栽培，以及同样精于政治的母亲的帮助，还有他的老师亚里士多德的教育。

亚历山大此后表现出来的外交手腕和军事才能，很多时候都有其父亲腓力二世的影子：花招繁多、后招连连且不拘一格。最关键的是，他似乎生来就有把握时机的卓越能力，既能迅速从思想上抓住主要矛盾，又能很快从行动上付诸实践。

如果秦军冲进马其顿方阵，那任何人都必须承认：亚历山大指挥下的马其顿方阵，绝对是可怕的存在。这种东西方两强火星撞地球的战争如果真的发生，那绝不会是一场一面倒的屠杀，而更可能是一场鏖战。

所以不要料敌从宽，是我们不变的主题，宁可把对手想得强大一点，也好过不知己不知彼地把国人拖入到无尽的战乱之中。

1.2　大秦帝国

▷ 诸侯卑秦

这章是对马其顿和秦国的概述，既然我们说了那么多马其顿的情况，现在该回头说说秦国的情况了。

那公元前 350 年左右的秦国又到底发生了什么呢？

秦孝公在位时间是公元前362年至公元前338年，秦惠文王在位时间是公元前338年至公元前311年。由此可见，时空错位，与马其顿对应的秦国，正处于秦孝公和秦惠文王交接之际。通过两人的谥号，我们可以直观感受到：秦君由公变王。

为什么会这样呢？

贾谊在《过秦论》中曾说："及至始皇，奋六世之余烈，振长策而御宇内，吞二周而亡诸侯，履至尊而制六合，执敲扑而鞭笞天下，威振四海。"在贾谊看来，秦始皇"奋六世之余烈"，才最后一蹴而就统一天下、建立秦朝。

那么，问题来了：秦始皇前的"六世"分别指的是谁？他们对于秦朝的建立，各自又有什么样的功绩呢？

这"六世"里头最开端的两世，就是指"秦孝公"和"秦惠文王"父子。

还记得我们在前文中说的吗？成功大同小异，失败则五花八门。秦国和同期的马其顿，简直就是共轭的镜像关系，它们的成功走的都是绝境逆袭的路子。

马其顿是古希腊人眼里的蛮族不错，但我泱泱大秦难道也是蛮子不成？

据《清华简》所载和考古考证，秦国先祖来自东夷，即嬴姓秦人本来自今齐鲁大地。武王伐纣期间，秦人先祖飞廉（嬴姓）并没有在殷商都城，因此在帝辛（即商纣王）国破身亡之际，飞廉没来得及赶回去救援。

结果人活着，"家"没了。

于是，飞廉不甘心又纠集了东夷残余势力，以奄国（即后来鲁国曲阜）势力为首，周初三监（周武王的三个亲兄弟，监视帝辛儿子武庚和殷商遗民）为辅，对刚刚诞生的周人政权虎视眈眈，并发动了反攻倒算。

危难时刻，周公旦、召公奭（shì）、太公望（即民间俗称的"姜子牙"），周初三公一起东征三监和飞廉。

周公东征，马到成功，飞廉兵败被杀。此后飞廉的嬴姓一族就被周人从东夷迁封了出去，后来大家熟悉的秦国和赵国都是这支被迁封出去的嬴姓后裔。

《史记》记载，"飞廉善走"。一般认为，这里的"善走"是说飞廉是善御，善于驾车，后来赵国得以分封就是因为造父为周穆王驾车，而秦国得以分封是因为非子替周孝王养马。可见，善于驾车又善于保养车，算是嬴姓祖传的绝活了。

赵国先祖好歹是个"司机"，而秦国的先祖只是一个养马的"弼马温"。那秦国分封之初究竟是个什么地位？

从两点我们就不难看出老秦人在西周的尴尬地位了：一，秦国，嬴姓、赵氏；二，秦国分封之初不是诸侯，只是附庸，连当诸侯的资格都没有。

秦人在西周时一直以自己为赵氏为荣，这种慕强攀附的事情在世界各地屡见不鲜，毕竟赵国分封于周穆王世，而秦到周孝王世才只是做了附庸，这

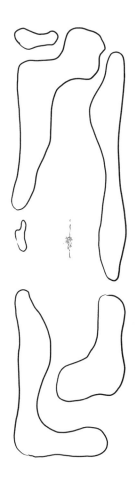

里头差了三四代人。正因为赵国是正儿八经分封的诸侯，而秦只是一个养马的秦邑，所以赵国的赵氏就是以地为氏的情况，而秦赵族人在赵分封之际还没有分开，所以秦人用赵氏表示自己后台有人。秦邑得以分封还是因为周孝王要分化西戎势力，所以才在大骆国和西申国之间安插了一个尴尬的秦邑，作用显而易见，就是打击西戎，周人本来就没打算让秦独立建国。秦国一直要到秦襄公时，才第一次变成周朝真正的诸侯，这都是周平王东迁洛邑之后的事了。《史记·秦本纪》记载："（秦襄公）七年春，周幽王用褒姒废太子，立褒姒子为嫡，数欺诸侯，诸侯叛之。西戎犬戎与申侯伐周，杀幽王郦山下。而秦襄公将兵救周，战甚力，有功。周避犬戎难，东徙雒邑，襄公以兵送周平王。平王封襄公为诸侯，赐之岐以西之地。"

西周都亡于"犬戎之乱"不存在了，秦国才因为护驾周平王东迁洛邑而转正，然后封地还是周平王嘴里的一张口头支票，这种地位和别的诸侯一比，尴尬得叫人无地自容。这会儿别的诸侯可都已经存在了 300 多年了，秦国才和个婴儿一样刚刚诞生。

不难看出，秦人虽早已存在，但老秦人从东夷被迫迁封到西戎，又足足在那块不毛之地经过了 300 多年蛰伏才最后在周平王世抓到了机会，成为正统的诸侯。

所以，秦建国封邦的历史其实要比战国七雄中的其他六雄来得都晚很多。赵魏韩虽是从晋国分裂而出的三卿不假，但其实很多人不知道：西周早期就有古韩、古魏、古赵。

有了这些秦的背景知识，我们了解秦孝公和秦惠文王这对父子就会更加容易。

　　虽然秦国在东周初年正经封邦建国了，但秦国在当时并非强国，在一众强邦之中可以算是和马其顿初年一样没有存在感。哪怕版本一直更新到了秦孝公时代，秦国依然拿着最尴尬的剧本。

　　为什么说秦孝公执政初期秦国地位尴尬呢？

　　秦国自封邦建国以来长期疲弱不振，诸侯都轻视秦国，这事还是秦孝公自己说的。

　　公元前 362 年，秦孝公继位。当时黄河、殽山以东的战国六雄已基本成型，简称"山东六国"，淮河、泗水间还有十多个小国。

　　周王室此刻势力衰微，诸侯之间用刀剑解决曾经用嘴解决的问题，盟主那套已经不好使了，各国开始相互征伐吞并的灭国之战，这就是战国的背景。

　　秦国地处偏僻的雍州，国内局势动荡，因而长期不参加中原各诸侯国的会盟，被诸侯们疏远，被中原像戎狄一样对待。

　　秦孝公继位后以恢复秦穆公时的霸业为己任，命国人、大臣献富国强兵之策。

　　但是，秦孝公很快发现秦国国内世族势力盘根错节难堪大用，为了振兴秦国，秦孝公打算引进高端的别国贤士以图强秦，故而下诏令征求各国贤才：

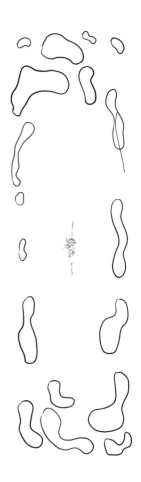

　　　　昔我缪公自歧雍之间，修德行武，东平晋乱，以河为界，西霸戎翟，广地千里，天子致

伯，诸侯毕贺，为后世开业，甚光美。会往者厉、躁、简公、出子之不宁，国家内忧，未遑外事。三晋攻夺我先君河西地，诸侯卑秦，丑莫大焉。献公即位，镇抚边境，徒治栎阳，且欲东伐，复缪公之故地，修缪公之政令。寡人思念先君之意，常痛于心。宾客群臣有能出奇计强秦者，吾且尊官，与之分土。

——《史记·秦本纪》

秦孝公说："秦国自秦厉公之后接连好几代内乱不得安宁，魏国趁机夺取了秦人祖先的河西之地。诸侯们也因此疏远秦国，耻辱没有比这更大的了。宾客和群臣中谁能为秦国献出富国强兵之策，我将与他分享秦国的土地和权力作为赏赐，决不食言。"

有道是自古深情留不住，唯有套路得人心。究竟套路得人心，还是真诚最动人？

真诚才是绝招。

真诚如秦孝公这般的求贤令一出，即刻感动了以卫鞅（即后来的商鞅，此时还没分封商邑，所以称卫鞅）为代表的各国贤才。

有人评价秦公求贤令，乃五百年一见的一卷雄文。

何以见得？

其一，秦孝公自己痛说国耻，历数其先祖中四代的无能，开官方嘲讽的旷古先河，对得起一个"孝"字，太孝了；其二，秦孝公求霸业而不求吏治，秦国虽暂时羸弱，但秦孝公却能做鲲鹏之姿远望，吞吐八荒的雄霸之气跃然纸上，太霸了；其三，秦孝公胸襟开阔，敢公开喊话自己将与权臣分享秦国权力，公器之心可昭日月，太大气了。只此三点，堪称真心求贤无疑。

正是此大气磅礴之雄文，使得正云游四方、苦求明主的卫鞅义无反顾，直奔秦国的怀抱。

卫鞅入秦，三见此篇雄文的主人秦孝公，并以法家之说全盘示之，毫无保留。

孟子有云："君之视臣如手足，则臣视君如腹心。"

三日促膝长谈后，英主强臣，互相信服，引为知己。

最终，卫鞅与秦孝公君臣二十年同舟共济就此展开，留下一段可歌可泣的千古佳话。

由此，秦国和马其顿王国一样，知耻而后勇，奋起改革，两者改革的时机几乎发生在同一历史阶段。这一西一东皆被当时主流文明排挤的两国，堪称完美的对照。

很多人看到这里可能已经纷纷摇头：商鞅在秦国变法的根本是"弱民强国"之法，可见法家才是真正遗害千年的毒瘤啊！历代人民的苦难有一大半都是法家这种祸害千年的阴谋诡计造成的。而且商鞅恐怕自己也没想到，未来自己的结局是被秦孝公的儿子给车裂和灭族吧？这就叫自作自受！

以商鞅的智商，真的预料不到自己的结局吗？

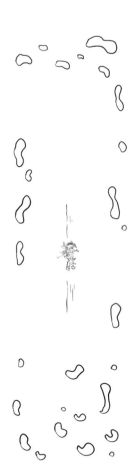

➤ 商鞅变法

商鞅的法家思想并非无根之水、无本之木，说穿了，商鞅不是发明创造而是发扬光大。他的法家思想在一定程度上来自李悝和吴起，二者变法是什么结果，商鞅自然比任何人都清楚，他初来秦国带的就是李悝的《法经》。法家在魏国不是只停留在书面，而是已付诸实践。魏国因法而强，世人都看在眼里，吴起带着变法后的魏武卒以五万打败秦军五十万，秦国不得不割让河西之地，更是震惊世人。这是秦国历史上输得最惨的一次，输到秦国要在洛水旁修建长城。

公元前408年，秦国退守洛水西岸，沿河修筑长城，并筑重泉城用来自保，司马迁在《史记》中即有"堑洛，城重泉"的记载。"堑"就是掘的意思，这段长城的修筑方法是筑墙与削掘崖岸相结合，所以史书上称作"堑洛长城"。它是战国时期秦国修筑最早的一段长城，比魏国的河西长城（滨洛长城）早56年。关于秦堑洛长城的位置走向，史念海先生根据《水经注》有关记载，并结合实地考察，已经找到踪迹。这条秦长城的南端起于陕西华阴县东南华山之下的小张村，逶迤而向东北，经华阴庙东北，跨过沙渠河而至渭河之滨，渭河以北则沿洛河南岸向西，入蒲城境内，再沿洛河西岸向北延伸至白水县黄龙山麓。目前，只有渭河以南华阴县小张村至华阴庙东城子之间保存着低矮的夯土墙可以辨认。可见魏国欺负秦国是真实存在的史实，且就发生在吴起和李悝变法之后。

在魏国变法成功的李悝，在楚国变法成功的吴起，最后是什么结局，无人不晓。关于法家的结局，商鞅更是不可能不清楚。

如果商鞅连这种认知都没有的话，他也不可能设计出一套从上到下逻辑缜密的变法体系，且《商君书》历来都是帝王书、帝王术，作者商鞅不可能对变法的结果一无所知。

既然他知道自己会有一个不好的结局，那为什么还毅然决然地走上了一条不归路呢？

商鞅到秦国的目的毫无疑问是变法，既然是变法，就需要拥有绝对的权力来为变法开路，如果没有权力，商鞅的变法措施，一条都执行不下去。

在这个世界上，不管是古时、现在还是将来，成功的密码都是一样的。

能调动的资源上限，决定了个人成就的天花板。

调动资源属于实力问题，运用资源则属于能力问题，空有运用资源的能力但是没有调动资源的实力，到头来也只是一场空谈而已。

法家历来都是依附于王权来变法的，这才是变法！不依附王权的变法，也许叫作革命。而只有像商鞅这样的老法师，才是玩明白这套逻辑的真法家。

商鞅敢著书立说高倡"弱民强国"的时候，就已经说明他早把自己置之死地了，因为他站到人民的对立面去了，他这样的法家当然是为集权服务的，而不是为分权服务的。人民是集权的吗？

可以说从来不是，所以不是法家嫌贫爱富，而是人民根本对法家无用罢了。

只有集权才有资源，只有有了资源才能拿去运用，这就是法家的底层逻辑。

而韩信就属于无法调动资源的典型代表，即使他胸怀天下，韬略过人，用兵如神，一旦失去了刘邦赋予他的兵力资源，就不过是一个连温饱都需要人施舍的流氓。

这也是为什么如此多胸怀天下且系出名校的高级人才最终也只能成为打工人，利用各大公司的平台来实现人生价值。

公司就像集权的拥有者，掌握了生产资料，而打工人只能依附于公司才能有生活资料。这种不平衡的关系，在可见的未来是不会被打破的存在。也就是说：潜在的世界里，人人平等；但现实的世界里，某种程度上，人人并不平等。

但商鞅要借助国君的权力，就会遇到一个大问题：一旦国君对他委以重任，那未来的商鞅就会拥有一人之下万人之上的权力，这自然会引起国君的猜忌和防备。

其实先秦各家诸侯就是这样逐步做大的，秦孝公又怎么会不知道这里头的厉害关系？国君自然最怕权臣尾大不掉。

这样就会陷入一个无穷无尽的猜疑链之中，谁都不相信谁，最后只能提前把对方干掉才安心。

而这样的变法又从一开始就失去了意义，国君猜疑臣子，臣子受制于君，想要在这种条件下顺利推进变法无异于痴人说梦。

按理说，臣子在这种情况下都要自证清白，但商鞅却反其道而行，他通过自污的方式来获得秦孝公的信任。

他自污了什么呢？

商鞅一上门献计献策就已经决定自绝于民，他从百姓中来，却从来没打算再回到百姓中去。此外，他不光得罪了底层，也得罪了高层，那些世袭的贵族该怎么看这个初来秦国的新移民呢？动了世家的蛋糕，还想好好活着？

商鞅的真诚也在第一次见秦孝公时就展现出来了，他把自己的一切荣辱完全交给秦国国君：你若待我如手足，我便敢待你如心腹！

商鞅的建功立业，是不惜命，也不做墙头草，只是铁骨铮铮地彻底改革，为秦国刮骨疗伤。

商鞅变法并非一劳永逸，内核也绝非无可争议，但像他这种为理想"向死而生"的信念，依然是值得大家敬仰。很多事做不成往往是半途而废造成的，秦国这种把一条道走到黑的变法，在当时是非常考验当政者勇气和毅力的。

没收土地，得罪了秦国世家贵族；刑治公子虔，得罪了秦王宗室；处罚太子嬴驷（后来的秦惠文王），得罪了秦国的东宫势力；渭水刑杀几百群众，又把秦国百姓得罪了个底朝天；与老东家魏国公子卬叙旧，乘机将其俘虏，使秦军打败没有主将的魏军，更得罪了天下。

商鞅这一系列操作下来，底层人民、高层权贵、前东家，这些都算是被他彻底得罪完了，这才叫真正的"自绝于天下"了。

看来商鞅变法不光那么说，也真的敢这么做，这既是为了让秦孝公放心，也是为了推进变法，同时更是向所有利益受损的人释放一个政治信号：商鞅真的"舍得一身剐，也要把秦国带上马"，他这么做不是图利，而是为了能千古留名。

任何挡道变法者都要清除！恐怕也包括商鞅他自己。

敢以这样方式留名的老法师，难道还害怕大家去骂他吗？

我们后世当然大可以骂他是民贼，但又有几个人真的能做到像他这样为了自己的理想而义无反顾的决绝呢？笔者这样的庸才是做不到的。

商鞅从做出这些自寻死路的行为的时候，可能就已经知道自己将来会死于非命，这也是法家的宿命，可以说，商鞅是在拿自己的命给秦国续命。所以在那些渴望建功立业的人看来，只要能够实现自己的价值，死并不可怕，真正可怕的是人活着，却仅仅是为了活着。

当然，商鞅变法哪怕有秦孝公的鼎力支持，也不意味着没有阻力。小说《大秦帝国》就着重刻画了反对派势力代表甘龙这一形象。

甘龙，《商君书》《史记》《战国策》均有记载的商鞅变法的反对派，是秦国的世族名臣。

甘龙先是秦国上大夫，而后升任太师，他代表了世族领袖与复辟势力的轴心人物，是整个商鞅变法这股新锐势力的最大政敌之一。

理解甘龙，第一要区别甘龙与世族集团的不同政治特质。把握了这一特质，就把握了甘龙的政治个性。

甘龙的政治根基与政治主张，与整个秦国世族集团有重大差别。

政治根基上，甘龙曾在秦献公时期主持推行新政并长期领国，有功业根基，是秦国最倚重的功臣，所以他对秦国孱弱的现况是有清醒认识的。而秦国世族集团，则以祖荫为根基，以维护祖制传统为目的，对秦国贫弱有实质上的疏离感，因为这群既得利益者不在乎。这种根基差别，形成了甘龙在政治主张、政治策略两方面与世族集团的重大差别。

政治主张上，甘龙前期主张有限变法，后期主张有度复辟。

具体而言，甘龙的政治主张分为三个层面：第一层是认识基础，承认秦国不推行新政不走向强大，便会走向灭亡的残酷现实；第二层是治国主张，他和秦孝公一样以恢复秦穆公霸业为目标，与秦孝公求贤的初期目标相同，而不是主张推倒重来的彻底革命；第三层是支持商鞅变法要有底线，即不能触动秦穆公之祖制。

这些政治根基与政治主张，决定他的政治个性。商鞅变法不深入，他就不反对，但是商鞅变法能不深入吗？不深入的变法，还需要商鞅自绝于民吗？

所以对商鞅初期的变法，甘龙只是观望；后期的变法，甘龙基本持反对意见。

甘龙的政治本质，是怀旧保守派，与一味倒退的复辟派有别。

小说中，甘龙的政治个性大体分为四个阶段：第一阶段（商鞅入秦前），甘龙支持秦孝公谋求强国的种种举措，此为支持新政期；第二阶段（商鞅变法初），甘龙以多种方式试探商鞅变法，并对秦国世族集团宣布了自己的底线，此为互相试探期；第三阶段（商鞅全面变法掌权，甘龙权在虚位），甘龙蛰伏起来静观其变，偶与秦国世族集团保持特殊的联络，此为蛰伏期；第四阶段（秦孝公死后），甘龙果断叛变，主导恢复秦穆公祖制，格杀商鞅。

其中甘龙的个性鲜明，有两个表现：

其一是善于从商鞅变法派与秦国世族集团的关系中，把握矛盾。他既支持强秦，又反对彻底变法；既反对秦国世族无限度倒退复辟，又要将世族集团变为恢复秦穆公祖制的政治力量。从政治本质而言，甘龙是独立的政治派别，无论是变法势力还是世族势力，都是甘龙力图利用的棋子。

其二是坚韧善变。甘龙的政治才能集中体现为高超的政治洞察力与策略应变力。切忌将甘龙简单化为不学无术的阴谋家。甘龙的秉性中，言行表现为沉默，精神表现为顽固。所谓顽固，便是巨大的精神忍耐力。甘龙之忍耐与嬴虔之忍耐不同，甘龙是清醒冷静的自觉忍耐，嬴虔是心怀冲突的痛苦隐忍。

甘龙的结局在《战国策》《史记》《资治通鉴》等史书中均未记载，一般认为，他应当是寿终止寝正常死亡，所以才不值一书。

现在，你发现真正的法家和权臣的区别了吧？

当初若是甘龙草拟《求贤令》，恐怕措辞难免居高临下，欲施舍而非求贤。那就是甘龙一类权臣内心的真实写照。

像这些能在历史上留名的人物，多少有些能耐。不难看出，围绕秦国变法这件事，秦孝公不昏庸，商鞅不简单，甘龙不愚蠢。

　　笔者虽然不喜欢法家，但也不得不承认：一儒一法自古以来对中国社会影响巨大，可谓深入骨髓，不管世人如何褒贬，儒皮法骨或内儒外法一直都是"汉家制度"。

　　台面上，诸子百家最终主要剩下这两家，恐怕也是因为儒法两家更适应华夏的这种生态使然。生态位不会骗人，哪怕儒家和法家都多少经过了后世的改造，但主体结构依然是先秦时的结构。

　　言归正传，商鞅变法毫无疑问是为秦国由弱转强注入了驱动力，变法发生于秦孝公治国期间，这绝对是秦国的头等大事。与秦孝公变法对标的是腓力二世对马其顿的改革，从此这两国都真正走向了励精图治的霸主舞台。

　　说到底，穷则思变。国与人一样，富不过三代，穷不出五服，这也是经济学上常说的"均值回归"。

　　这里要表达的一个私人观点：英雄史观强调的是个人对时代的决定性影响，这些英雄人物或人中之灵，正如本书讨论的亚历山大大帝和秦惠文王。但我们恐怕还需要明白，秦惠文王也好、亚历山大大帝也罢，他们之所以堪称伟大，首先是因为他们都并非昏君，这个不昏庸的开端已经保证他们至少成功了一半。

为什么这么说？

秦孝公找到商鞅之前，秦国经历了至少四任秦王举步维艰的乱象，甚至有秦王被大臣逼死的情况，这是秦孝公《求贤令》官方嘲讽最狠的一点。

由此可知，秦国并非历代都是明君圣主。其实秦国也和各诸侯国一样有一个能力时高时低的动态变化期，这是周期性的。但哪怕秦国经历了那些不好的低潮期，且对手魏国还在吴起、李悝强势变法之下的高潮期，但魏国也没能真的灭掉秦国。

究其原因，并不是魏不想灭秦，而是魏灭不掉秦。

这一方面有春秋格局的限定，其他各国不会坐视魏国灭掉秦国而独自做大，所以在秦国危急之际，各国必然会从别的方向来牵制魏国，魏国围攻赵国邯郸，齐国来围魏救赵就是这样的逻辑。而另一方面则是秦国哪怕在当时略逊于魏国，但也不至于真的没有一战之力，秦国只是河西之地被魏国侵占了。春秋战国时期，今天你占我一块地，明天我占你一块地的烂账多如牛毛，不胜枚举。

那为什么河西之地在秦孝公看来如此重要呢？又为何要急着引进高级人才呢？

说到底是秦孝公觉得给秦穆公丢人了，秦孝公想要的不是让秦国活下去，而是让秦国能重新称霸。

活下去和活得好，完全是两个概念。

秦孝公之所以如此敬仰秦穆公，第一是因为秦穆公在位期间，励精图治，击败过晋国，也灭掉了梁国等国，史称其"兼国十二，开地千里"；此外他还在与西戎之争中获得了丰硕的战果，因此史称他"称霸西戎"，所以秦穆公被周襄王任命为"西方诸侯之伯"，这也让秦国一跃成为春秋五霸之一。秦穆公灭梁国后改其国都少梁为夏阳，这个夏阳正是后来吴起打下的河西之地最重要的一座都邑，吴起将其打下后又改为少梁。所以整件事在秦孝公看来，"是可忍，孰不可忍"——秦穆公的遗产被自己前头四任不孝子给败光了。

第二是因为秦穆公在位初期，秦国国力还不值一提，由于所处的地理位置关系，秦国弱小而贫瘠。所以秦穆公默默地进口人才，且不论出身。为了防止本国的贵族形成威胁君主的存在，他宁愿从国外引进人才。他从西戎找到由余，从宛地得到虞国的百里奚，又从宋国迎来蹇叔，还从晋国招来丕豹、公孙支。这些本都不是秦国的人才，却都被秦穆公给不拘一格地"挖"了过来，他们纷纷辅佐秦穆公，最终使得秦国兵强马壮，成了春秋一霸。

秦孝公执政初期的尴尬局面和秦穆公初期何其相似？看见秦穆公的成功案例，秦孝公加以模仿，想要重整旗鼓也自然在情理之中了。

秦孝公引进商鞅，相当于秦穆公引进百里奚。秦孝公想打下魏国的河西之地，相当于秦穆公当年打下梁国，是要抢回本就属于秦国的东西。没有河西之地，秦国东出，统一中原，永远只是一个美梦。

从当时的时代背景来看，秦孝公所处的战国时期正处于由传统的贵族分权格局向中央集权格局转型的关键时期。

周朝的政治格局主要由分封制而定，周天子虽然在名义上统治全国，为天下共主，但实际上周天子是将大部分领土分封给诸侯、贵族，由他们代替自己对当地进行统治。

到了春秋时代，分权而大的各诸侯国贵族势力已经越来越强，并与所在国的王室、公室产生了激烈的矛盾冲突。这就是各国最大的内耗之一。

过于强盛的各国贵族势力直接威胁到所在国国君的地位，双方的明争暗斗也极大地消耗了国力，这样的形势要求君主一方面不惜采取任何手段铲除世卿小宗，一方面则要尽快回收这些家族手里的权力，完成中央集权。这正是以商鞅为代表的法家得以产生的最大时代背景。

秦孝公要借商鞅的手打击世卿，商鞅要借秦孝公的名义发号施令成就法家思想，可谓各取所需、一拍即合。所以我们看见秦孝公任用商鞅变法，商鞅主张"法自君出"，即国君拥有唯一的立法权，以此确保法令的统一性和权威性。《管子·任法》也载："夫生法者，君也。守法者，臣也。法于法者，民也。"这已经体现出法家理论中君、臣、民三个行为主体与法这个工具主体之间的基本关系。商鞅的法治思想也遵循了这一理论，在此基础上更有捍卫秦孝公权威的现实意义。

前文提到，相比绝大多数诸侯，秦国直到东周之初才被正式册命为诸侯，这当然意味着秦国内部世卿势力的发展还远不如东方各国。因此，商鞅变法在秦国受到的阻力相对于东方六国会来得更轻一点。

但是，轻只是一个相对的概念。商鞅变法初期，无论是秦孝公还是商鞅自己，都能感受到来自秦国传统保守势力的巨大压力。

因此，为了保障这场变法能顺利进行下去，商鞅采取了一系列措施加强君主的权威，他特别强调：所有秦国法令必须通过国君的确认才能生效；除国君以外，任何人无权擅改法令，包括商鞅自己；臣民则要遵守新法。

尽管如此，商鞅与传统保守势力的斗争仍然十分激烈，其中尤以《史记·商君列传》中记录的"太子犯法"事件最为严重。商鞅认为新法之所以不能顺利推行，是因为王公贵族带头违反，"法之不行，自上犯之"。最终他依法对太子一党施加惩罚，但考虑到太子嬴驷是秦国储君，不能施以刑罚，于是就处罚了太子的首傅公子虔，以黥刑（脸上刺字）处罚了太子之师公孙贾，"刑其傅公子虔，黥其师公孙贾"，从而打破了秦国"刑不上大夫"的传统潜规则，使得"秦人皆趋令"，震慑了秦国世卿贵族势力，也恫吓了对新法不满的底层人民，从而维护了新法的权威，使新政得以在秦国自上而下顺利推行下去。

除此之外，商鞅还依据趋利避害的人性特征来确立"唯法论"的可行性。《商君书·错法》有云："人生而有好恶，故民可治也。"不同于儒家以礼乐教化为主要治理手段，商鞅认为人的本性是好利恶害的，只要施以正确的引导和严格的奖惩机制，就能达到有效管理的目的。在商鞅这样的法家看来，这一理念是对传统德治的纠偏，进而导出唯法论的法治思想。因此，商鞅一面奖励军功和农耕，增强国家实力，一面又建立什伍连坐的监督体系，以严刑峻法增加犯罪成本，使民众心生畏惧而不敢犯法。通过施行这样严格的赏罚政策，商鞅在短时间内完成了新政在秦国的推行。据《史记·商君列传》记载，变法十年后，秦国"道不拾遗，山无盗贼"，百姓"勇于公战，怯于私斗"，国家进入了所谓的强盛时期。

商鞅的法治基于秦孝公的放权，新政的实施使得秦国快速提升了国力。从这个角度来看，商鞅的严刑峻法对人民而言未必是好的，但不可否认商鞅变法在秦国特殊的历史时期的确有着特别的意义——给人民关了一扇门，却又给人民开了一扇窗。

相较之下，马其顿的腓力二世改革也是像秦孝公时期这种自上而下的变法。看上去马其顿和秦孝公的这种集权，都是一个非常小的圈子决定了一整个国家的兴亡。

那为什么在青铜时代，同一时期，一东一西会出现这种相似的情况呢？

答案藏在商鞅和秦孝公的对话中。

商鞅准备变法的时候，秦国国民并不愿意接受新法，朝堂上的世卿贵族也给出了巨大的阻力，但商鞅对秦孝公只说了一句：

> 民不可与虑始而可与乐成。论至德者不和于俗，成大功者不谋于众。

　　就是说：成就大事，决策圈越小越好，这样可以极大降低沟通成本，减少无意义的内耗。秦国国民不需要参与国家层面的决策过程，更不需要知道秦国为什么变法，只要我俩把事情做成，国人再来享受红利即可。即便我俩变法失败，国人也可以在茫然无知中没有痛苦地继续生活。

　　底下的人包括那些世卿贵族不知道变法为什么开始，便不知道变法为什么结束，茫然无知是最大的幸福，这种无知是变法成功的绝佳燃料，也是万一变法失败软着陆的绝好土壤。

　　这句话透露出来的意思就是：秦国国人只是牛马，低头吃草，抬头拉磨，其他的事不用他们去管。商鞅和秦孝公是代理天意的决策者，高高站在云端的"天龙人"（漫画《海贼王》中的特权阶级），你秦孝公赋予我商鞅绝对的权力，我商鞅就会为你带来绝对的帝国。为了这个崇高的理想，我俩就需要泯灭人性，你秦孝公敢对自己的太子下手，我商鞅敢对黎明百姓动手，我俩一起俯看那些疲于奔命的牛马——放之、牧之。

　　代天牧民的"牧"，就是秦国在商鞅变法的这种政治生态中最凝练的表达。当然，这种"牧"的思想贯彻秦国始终，不光是法家，还有纵横家也是"放牧"的代表人物，《鬼谷子·捭阖》也说"无为以牧之"，大意就是说不同的人，有不同的开关，如

何开，如何关，只要掌握了方法，就可以肆意地"牧之"。

汉承秦制，所以兖州牧、豫州牧、雍州牧……等于是给每个牧者（管理者）划分一片草场，令其管理草场上的牛马（人民），公的牛马吃得膘肥体壮可以拉磨，母的牛马可以生育后代，增产牛马（劳动力），这些牛马死后的皮骨还可以制作盾牌和盔甲（榨取所有的剩余价值）。

可以说，"代天牧民"就是商鞅这种老法师最真实的实验，耕战制度就是这场实验的具体落实。

从道德层面看，商鞅变法毫无疑问是无道的，因为秦国的强大是以牺牲所有个人的人性为代价的军事优先主义。而从术的层面上看，商鞅变法又是有术的，至少《过秦论》等一众史论普遍认为秦国奋六世之余烈的起点正是秦孝公，而秦孝公世最大的建树毫无疑问就是商鞅变法。

不难发现，马其顿也好，秦国也好，他们从崛起到最后大统一，本质上都是这套中央集权制度的改革创造和坚定延续。

在术的层面上，的确都做到了"弱民而强国"。

所谓的秦国国人享受到的变法红利，其实都只是些变法的附赠品，商鞅变法并不是冲着为秦国国人服务去的。

商鞅的这一套严刑峻法全面落实之后，秦国的社会治安的确大为好转，粮食产量也日渐增加，秦国国人似乎多少也体会到商鞅的法令的确有好处，便成群结队地跑到秦国首都，准备给商鞅歌功颂德。

但商鞅却说这些要为自己歌功颂德的人都是败坏新法的人，于是按法将其全部发配边疆。

给商鞅歌功颂德，为什么是败坏新法呢？

站在秦国人民的角度，很难理解这件事，但站在商鞅的角度就很容易理解：你们都是些牛马，有好处就享受，没好处就承受，好与不好都不需要牛马评论。我受命于天，代理天而放牧你们，哪有牛马感谢苍天这样的道理？天地不仁，以万物为刍狗，天地需要你的感谢吗？管好你的嘴，甩开你的手，迈开你的腿，尽自己应尽之义务即可，嚼舌头也是犯法。

"民莫敢议令"，这短短五个字，背后是多少惊慌失措、战战兢兢的秦国国人的沉默。

秦人的沉默，时隔两千多年，依然震耳欲聋。

在这种法令之下，秦国如履薄冰地经过了十几年高速发展，最终连周天子都承认了秦国的霸主地位，商鞅也因此获得封地"商邑"。商邑有 15 座城池等着他来世代享用，那是他代天牧民的封赏，卫鞅因地而氏，所以此后才被称为"商鞅"。

商鞅名号一立，代表秦国变法已然大成。

> 王致伯于秦，诸侯皆贺秦。
>
> ——《资治通鉴·周纪二》

此时的商鞅是秦国独当一面的存在，一人之下万人之上的他多少有些飘飘然，于是他自信地问起赵良："子观我治秦，孰与五羖大夫贤？"我商鞅和百里奚都是秦国国相，论治理秦国，谁的功绩更高一点？

显而易见，商鞅要和秦穆公世青史留名的贤者百里奚一较高下。

面对商鞅的疑问，赵良的回答很有意思——

百里奚出身卑微，被秦穆公用五张黑羊皮买来，他出自民间底层，升任秦国国相后，依然保持艰苦朴素的作风，经常深入民间访贫问苦，身边连个护卫都没有。正因为百里奚爱民如子，人民才把百里奚视为自己人，他去世后，举国悲痛，深切哀悼。可你商君呢？

你是通过高层引荐才见到的秦孝公，而你提出的变法方案，显然也是走高层路线，因此才成为秦国国相的。可以说，你和人民没有一点关系。

开始变法以后，你上惩治了世卿贵族的代表公子虔和公孙贾，下折腾人民疲于奔命。你肯定也知道自己这种尴尬的处境，所以你便从来不深入民间访贫问苦，每次出门都要配备大量的安保人员，没有随扈到位，你宁可不出门。

《史记》原文如下：

赵良曰："夫五羖大夫，荆之鄙人也。闻秦缪公之贤而原望见，行而无资，自粥于秦客，被褐食牛。期年，缪公知之，举之牛口之下，而加之百姓之上，秦国莫敢望焉。相秦六七年，而东伐郑，三置晋国之君，一救荆国之祸。发教封内，而巴人致贡；施德诸侯，而八戎来服。由余闻之，款关请见。五羖大夫之相秦也，劳不坐乘，暑不张盖，行于国中，不从车乘，不操干戈，功名藏于府库，德行施于后世。五羖大夫死，秦国男女流涕，童子不歌谣，舂者不相杵。此五羖大夫之德也。今君之见秦王也，因嬖人景监以为主，非所以为名也。相秦不以百姓为事，而大筑冀阙，非所以为功也。刑黥太子之师傅，残伤民以骏刑，是积怨畜祸也。教之化民也深于命，民之效上也捷于令。今君又左建外易，非所以为教也。君又南面而称寡人，日绳秦之贵公子。诗曰：'相鼠有体，人而无礼，人而无礼，何不遄死。'以诗观之，非所以为寿也。公子虔杜门不出已八年矣，君又杀祝欢而黥公孙贾。诗曰：'得人者兴，失人者崩。'此数事者，非所以得人也。君之出也，后车十数，从车载甲，多力而骈胁者为骖乘，持矛而操闟戟者旁车而趋。此一物不具，君固不出。书曰：'恃德者昌，恃力者亡。'君之危若朝露，尚将欲延年益寿乎？则何不归十五都，灌园于鄙，劝秦王显岩穴之士，养老存孤，敬父兄，序有功，尊有德，可以少安。君尚将贪商於之富，宠秦国之教，畜百姓之怨，秦王一旦捐宾客而不立朝，秦国之所以收君者，岂其微哉？亡可翘足而待。"

赵良的意思非常明确：商鞅依仗的是秦孝公自上而下的权力，而不是秦国自下而上的拥护，一旦商鞅的保护伞秦孝公驾崩，商鞅的权威也将随之崩塌，到时候死得会很难看。

从这件事上不难看出商鞅要的是和百里奚一样的名望，这才是商鞅投身秦国变法的根本目的。人不是求财就是求名。

但是，到头来因为路线问题，商鞅绝对做不成百里奚，商鞅只能是商鞅。

赵良所言深刻，但现实是开弓没有回头箭，商鞅不可能轻易放弃现有的权势和地位。更重要的是，变法虽然经过二十年耕耘已经深入秦国人心，但商鞅依然不甘心变法就此被打断。

秦国经过变法已经是一等强国，执掌秦国军政大权，他便有了睥睨天下的资格，他的目标从这一刻起不再只是在秦国扬名立万，而是要把这套制度从秦推行到全天下去，这样他就一定能超越百里奚。

这段对话发生的五个月后，秦孝公驾崩，十九岁的秦惠文王继位。秦惠文王继位后，立刻在公子虔等世卿反对派的支持下，以"商君欲反"为借口派官吏去逮捕商鞅，要和这位前帝师"叙叙旧"。

《史记·商君列传》曰："后五月而秦孝公卒，太子立。公子虔之徒告商君欲反，发吏捕商君。"

➤ 雄才大略秦惠文王

一般都认为秦惠文王与商鞅有私仇，因为他在做太子的时候，触犯了法律，商鞅为了维护变法，同时也为了打击反对变法的权贵派，对当时还身为太子的嬴驷的师傅行刑刺字，这个刺字终生无法消除。再加上秦孝公临死前曾想传位于商鞅，所以秦惠文王对商鞅的仇恨就更深了。

《战国策》载："孝公行之十八年，疾且不起，欲传商君，辞不受。"

对于嬴驷和商鞅之间的仇恨，嬴驷清楚，商鞅更清楚。嬴驷知道商鞅知道，商鞅也知道嬴驷知道自己知道。

秦惠文王要捉拿商鞅，可商鞅从头到尾就没打算过要认罪伏法，因为这根本就是莫须有的罪名。既然君王已经拿定主意要用商鞅祭旗，那商鞅又岂能坐以待毙？他获悉秦惠文王要捉拿自己后，本打算逃往魏国，但魏国不接受商鞅入境（谁叫你商鞅之前把魏国公子卖了呢），商鞅又回到封地"商於之地"，硬着头皮举为数不多的邑兵造反，结果被变法以来急切需要"军功爵"的新秦军挫败。

秦惠文王按秦法把商鞅的尸体再一次车裂，妻儿族人尽数诛杀。

表面看，秦惠文王睚眦必报，为了私仇等到继位后才和商鞅算账。但这位秦惠文王远比表面上来得复杂。从秦惠文王的一生来看，他是一位心胸宽广的雄主，在位期间，伐义渠、收巴蜀、出函谷，为秦国四处扩张奠定基础，同时秦惠文王又是一个极会用人的君主，张仪、公孙衍、司马错、魏章等人才都在其任内得到了重用，秦国国力日隆。

当初，秦惠文王即位之际发布命令逮捕商鞅，商鞅一看国君要抓他，于是只能选择逃走，他这一逃走就再也无法自证清白，商鞅逃到自己的封地后，发动邑卒真的造反，结果兵败被杀。商鞅拒捕逃走，等于变相坐实了自己本来莫须有的谋反罪名。

公孙贾和公子虔本以为可以借秦惠文王的手，打击政敌商鞅，然后重振世卿世禄的世家实力。打击商鞅，他们确实做到了。商鞅被车裂，这两位公族成员以为这就是他们想要的结果，结果他们自己也全部掉进了秦惠文王一早的算计之中，反而被秦惠文王所利用，殊不知螳螂捕蝉，黄雀在后。至少有三点说明了秦惠文王的手段之高明：

秦惠文王第一手棋：利用公孙贾和公子虔的嘴来诬告商鞅谋反。

秦惠文王第二手棋：利用商鞅被杀，反过来除掉公孙贾和公子虔的世家势力。

秦惠文王第三手棋：以猎物的样子出场，却以猎人的样子离场，深藏功与名，达到了自己集权的最终目的。

首先，商鞅在历史上是真的谋反了，但毫无疑问这是被逼出来的，因为商鞅没有别国的根基，也没有百姓的根基，他的造反从动机开始就难以成立。商鞅当然知道失去秦孝公的倚仗后，自己哪怕认罪伏法，秦惠文王仍有各种手段让他背负这个谋反的罪名，横竖都是死。

所以表面看，商鞅有的选，其实他根本没得选，无论如何，他谋反的罪名都是确定了的。

其次，一旦除掉了商鞅后，公孙贾和公子虔显然就成了秦惠文王的心头大患，又是帝师，又是举报商鞅的功臣，还是世卿世禄的王室宗族，秦惠文王自然需要再找个理由除掉他们。理由是现成的：商鞅谋反虽然最终因为商鞅起兵而被坐实，但你俩告他谋反的时候还没有任何证据，现在死无对证，又查无实证，诬告朝中重臣当然就是重罪。

最后，在整个过程中，年轻的秦惠文王看起来完全是在被动应付，但实际上他才是整个事件的实质主使，因为他才是权力风暴的中心，也是这场斗争的最大受益人。

这一切都让人不得不佩服这位秦惠文王的高明手腕。秦惠文王对线亚历山大，亚历山大恐怕也会感觉压力山大吧。

19岁的秦惠文王要对商鞅动手，最根本的原因是巩固权力，这在史书中都有记载。《战国策》曰："人说惠王曰：大臣太重者国危，左右太亲者身危。今秦妇人婴儿，皆言商君之法，莫言大王之法。是商君反为主，大王更为臣也。且夫商君，固大王仇雠也，愿大王图之。"

当时有人对秦惠文王说，大臣的声望过重，将危及国家，左右辅佐的人员过分亲近，将危及君王。

如今，连秦国的妇女孩童都在谈论商君的法令，却没有人谈论大王您的法令。这是商君反臣为主，而大王您倒变为人臣了。而且那商君本来就是大王的仇敌啊！希望大王能对他采取必要的制裁措施。

话里话外透露着两层意思：

一，商鞅权力过大，大到失去了君王的制衡节制。

秦孝公时期的商鞅是秦国的相国，完全可以说是一人之下万人之上，而当时秦国最重要的核心活动就是变法，变法的目的就是为了富国强兵，变法主要有两个内容，一是奖励军功，二是奖励耕种。军功需要不断通过战争的方式来累积，耕种则为秦国对外战争提供粮食保障。

秦孝公甘愿在商鞅背后全方位不遗余力地支持他变法新政，因为秦孝公的核心诉求是重现秦穆公时的盛世，他太想秦国富强了。只有秦国富强了，秦人才能东出函谷、进军中原，所以秦孝公给予了商鞅无上限的权力，甚至为了维护变法，还让商鞅处罚了自己接班人的老师，而这些帝师根据传统都出自秦王宗族。

因为变法，商鞅掌控了秦国的权力机构，在废除了世卿世禄制之后，秦人的上升通道只剩下军功这一条路，而这些新的军功又毫无疑问是商鞅通过变法给予的，所以秦国在变法的十几年时间里，逐渐产生了一批新一代的少壮派军功阶级，他们代替了原来世卿世禄的宗族阶层。军功阶级几乎都是在商鞅变法中获得提拔的，当时秦国采用"十七级爵制"，商鞅的大良造就是第十七级，可以说商鞅就是军功爵制中军方的最高存在。因此这些少壮派军人能获得升迁首先就要感谢商鞅，而不是国君。

显而易见，随着变法时间越来越久，商鞅的功劳就越来越大，到最后就功高震主了。商鞅掌控了这批秦国少壮派军人的任免，再通过变法，又掌控了秦国的政治格局，秦孝公可以不计较这些，但并不代表继任者不计较这些。

秦惠文王显然非常在意把持政治和军事的权臣，且秦惠文王继位时只有 19 岁，还没到行冠礼的年纪，这时候是"主少国疑"的观望期。朝中群臣都在坐视各方势力斗争的结果，谁强他们就帮谁。

秦惠文王想要在坐稳秦国君位，最好的办法就是暗地里先拔掉商鞅这颗钉子。

二，秦人只知道商鞅之法，不知道国君之法。

商鞅变法十几年，商鞅之法已深入人心，因为违反法律的代价是巨大的，为了维护变法，商鞅一次就在渭河边杀死了违法的几百号人，这就是典型的严刑峻法。这种严刑峻法造成的最直接结果就是前文提及的秦国人人守法，不敢轻易违法。不难看出，这些守法的良民，其实是被法给逼出来的。

在这种严刑峻法的长期训练下，商鞅之于秦国，就像父母之于子女，没人敢质疑商鞅的法令。所以向秦惠文王告密的人说秦人只知道商鞅之法并非虚言，事实也的确如此。没人知道国君有什么法令，国君在秦国自然就没有威望可言。

而这些正是秦惠文王最担心的情况，表面看是公孙贾和公子虔在诬陷商鞅造反，实际上秦惠文王才是幕后的真正主导者，秦惠文王的目的是杀商鞅立威，并巩固自己的权力。想想看，秦国新法的维护者商鞅当初如此狠辣，但商鞅这样的怪物如果被年轻的秦王给除掉了，之前敬畏商鞅的那些人自然就会敬畏更加强大的秦惠文王。

一千多年后的马基雅维利在《君主论》中说的其实也是这个道理。慕强是人性中最幽微的角落，古今中外莫不如此。

现在秦惠文王杀了商鞅，这场政治斗争结束了吗？

并没有。小说中，秦惠文王在车裂商鞅诛灭其族后，又宣布没有商鞅造反的证据，这等于是说公子虔和公孙贾在诬陷商鞅，这可是重罪，于是秦惠文王又借此除掉了公子虔和公孙贾及两人背后的党羽。按正史记载，公子虔报仇之后，自己也被秦惠文王敬而远之，在商鞅死后没过几年，公子虔就黯然离世了。

以上才是秦惠文王这个 19 岁孩子的政治手段与权谋，他为了权力既可以诛杀秦国变法以来最大的功臣商鞅，同样也能连自己的两个师傅都一起除掉。这里头全是技巧，毫无感情。

认为这样的人会因为仇恨而杀商鞅，就实在是有点太轻视他了。

秦惠文王处理了商鞅、公子虔、公孙贾，等于是把老一辈有威望的大臣都一并清除了，于是秦惠文王的威望就来了，地位也高了，权力也更集中了，这才是秦惠文王的真正目的。

代天牧民的商鞅，最终被更大的上天代理人——君王给"牧"了，所以我们说秦惠文王才是更高级的猎人，并不为过。

君王不仁义，恐怕此言自古以来都非空谈，并且很可能越是雄主越不仁义。

　　到此，我们不难发现，腓力二世、亚历山大、
秦孝公、秦惠文王之所以能在那个时代中脱颖而出，
正是因为他们既有传承，又有手段，还有改革，并
能使这种自上而下的改革至少两代相承。这实非易
事。恐怕他们内心都还有同样的一种东西在支撑着
他们，这个东西就叫"野心"，超越一切竞争者的那
种无上野心。

2 ❦ 长兵接短兵：野心背后的硬实力

2.1 两军兵器

➢ 铁器的使用比较

不难看出，马其顿和秦国都有各自的传承，亚历山大大帝和秦惠文王也都有超越所有城邦、诸侯的野心。那背后支撑他们这种野心的自然就是硬实力，而硬实力最直观的体现就是——军事实力。

马其顿改革、秦国变法，说穿了都是冲着军事实力去改的，这是这类军事帝国的核心。

在分析这两大国的军事要素前，我们需要对这两大国的军事情况有个宏观了解。

公元前 1100 年—公元前 800 年，华夏文明正处于商末—西周中晚期的"青铜时代"，而古希腊文明则正处于"黑暗时代"（Greek Dark Ages）。迈锡尼文明灭亡后，希腊地区重回氏族部落，人口大量减少，生活水平大幅下降，社会文明几乎停滞不前，因此这一时期才被西方史学界称为"黑暗时代"，但这会儿也是古希腊从氏族社会向奴隶社会过渡的重要时期。

说起兵器，无论在东方还是在西方，军队早期最先装备的金属兵器一定是青铜（bronze），这就是所谓的人类文明"青铜时代"。虽然之前还有更早的"铜石并用时代"，但更早的那些铜器主要是红铜（copper），而红铜多数时候是人类烧泥巴制陶的副产品，且红铜质地柔软，性能远不如青铜优秀。所以如果用红铜做兵器，其效果还不如直接丢石头。

更何况红铜只是人类对大自然的发现，而非发明创造。所以在归类上，红铜时代并非人类进入文明的标志。一般我们在讨论文明时，同时符合青铜、城市、文字这三大标准的才是一个国际公认的文明。显而易见，这三要素涉及发明创造，而不仅仅是对大自然的发现。

随着人类对青铜技术的熟练运用，工具、兵器就应运而生了。不过，青铜也不是万能的，在很多方面，青铜兵器显然没有后来的铁制兵器来得好用。

迈锡尼文明时期的史前希腊人所使用的金属工具由青铜制成，而到了黑暗时代，人们虽然还不能自己冶铁，但是通过和腓尼基人（Phoenician）及小亚细亚（亚洲西南部半岛）商人的商品交换，已经能够得到一些劣质的铁器了。考古发现，当时希腊人使用的工具也逐渐含有了铁的成分，这充分说明古希腊人在尝试把铁和铜掺在一起制作成工具。刚开始只是兵器，后来铁质工具也随之出现。一般日用铁器的增多，标志着古希腊手工业的全面进步。在和外族人的交换中，商品经济也随之出现了萌芽。

所以，西方学界一般认为，公元前 800 年以后的古希腊文明（相当于东周初期）已经是比较标准的海洋文明。他们不自己生产所有的产品，而是依赖于自己的优势商品，比如古希腊著名的橄榄油、蜂蜜、无花果等，和周边进行商品贸易，甚至有时候是更直接的殖民掠夺。

这个时候的希腊人也许还没有掌握铁器的制造工艺，但已经使用了部分铁器。

虽然黑暗时代的希腊社会制度是军事民主制，各家都会得到自己的土地，著名人类学家路易斯·亨利·摩尔根称其为农村公社，但是氏族和贵族的手里却有大量的土地和财产。《伊利亚特》中就记载某些贵族有大量的黄金、熟铁和青铜，有的贵族土地太多，就把一半土地种庄稼，一半土地种果树。贵族和氏族首领常常为了掠夺人口和财产发动战争，希腊人对特洛伊人发动的战争，名义上是为了复仇，但实际上还是为了抢夺财富。

嘴上都是理想，心里全是生意。

每次打完仗，抢到的不义之财会由贵族和首领先挑选，然后剩下的进行再分配。随着贵族们的掠取，农村公社成员们手中的土地不断减少，他们有的还会沦为奴隶和乞丐，阶级不断向下兼容；有的则受雇于贵族，帮他们打理农田，或者进入手工作坊，更有的就成了贵族老爷的雇佣军。

战俘、债务人和被买卖的人口是当时希腊奴隶的三个主要来源。

公元前1100年左右，希腊从塞浦路斯引进了冶铁技术（据悉最早的冶铁技术来自小亚细亚的赫梯帝国），《伊利亚特》中提到的铁与青铜的比例是1∶14，《奥德赛》中提到的则是1∶4，虽然我们不能将《荷马史诗》当作严肃的历史材料使用，但考古也表明，在黑暗时代的希腊人越来越普遍地使用铁制工具和武器。

希腊考古发掘出土的公元前1000年（约西周初期）的铁器多为铁匕首、铁剑、铁矛之类的兵器，而出土的公元前800年（对应西周晚期、东周早期）的铁器不仅有兵器，还有铁斧、铁锄、铁锯之类的工具。比荷马更早的古希腊诗人就曾在作品中提到过"铁匠铺子"，而且记录了铁斧的使用。这些发现说明黑暗时代的希腊冶铁水平和锻造技术有所发展，铁器也逐渐被广泛使用。铁器的使用对古希腊来说是最具影响的技术变化之一。

生产技术的改良理所当然地促进了生产力的提高，铁器的广泛使用使得开垦荒林、荒地和耕种的效率都大为提高，古希腊普遍地出现了农耕经济，手工业者对铁器的使用也进一步提高了冶炼工作的效率，手工业和农业在古希腊逐渐分离开来。因此在黑暗时代的后期，古希腊人口迅速增多，到了黑暗时代结束的时候，古希腊各地已经建立了不少城邦。

古希腊的城邦时代正是本书第一章中提到的马其顿王国所处时期。

古希腊货币"奥波尔"（οβολοS，Obelos）这个词本意为铁棒，而"德拉克马"则本意为铁柄（δραχμη，Drachme）。这些都反映出在早期古希腊，铁质物品曾作为货币流通。而考古出土的这类早期铁制代币，大多鉴定为公元前 800 年左右的产物。

考古上，马其顿首都佩拉附近的安德里塞纳（Archo- ntiko）公墓中出土的公元前 6 世纪的武器基本是铁制的。这类情况很常见，绝非孤证。

但是，需要特别指出的是：古希腊的武器多数是铁制的，但盔甲基本依然是青铜做的。因为限于当时的铁器锻造技术，大型铁板制造十分耗费人工，所以军中盔甲依然主要由青铜制作。

唯独腓力二世盔甲据悉是由铁和金打造的。

古希腊城邦时代，马其顿其实已开始普及铁器，因为马其顿有丰富的铁矿资源且以其冶金术闻名于世。马其顿的铁矿直到罗马时期依然还在开采，由此可见当地铁矿资源的丰富。

不难看出，马其顿王国时期，其人口增多，兵器已大部分采用铁器。据此可以说，古希腊在铁器使用方面的经验在当时是领先世界的。

那作为对照组的秦国这边呢？秦人装备铁器了吗？

从秦始皇兵马俑出土的武器来看，青铜兵器约 4 万件，而铁制兵器只有铁矛 1 件，铁镞 1 件，铁铤铁镞 2 件，这些铁器仅相当于兵马俑兵器总量的万分之一。

由此可见，秦始皇世的铁制兵器尚没有得到广泛普及和装备，那就更别说早一百多年的秦惠文王所处的时代了，那时应更加缺乏铁器。

写到这里，我需要明确地指出：亚历山大时期的马其顿步兵方阵中最基本的武器为萨里沙长矛，而这种长矛的枪头一般认为是铁制的，至少也是铜铁混合的，而同一时期的秦国兵器多数依然是青铜的。

必须再强调一次：这并非说秦国没有铁器，而是说其普及程度还远没有到像马其顿军队那样。

一般认为，铁器在秦国普及开来有两个原因。国内专家对出土的战国铁制农具进行研究后发现，战国时的铁器冶炼水平还处在块炼铁和生铸铁的阶段，硬度和强度都还不够，如果硬要用铁来制作兵器，其杀伤力还不如同期的青铜兵器。换言之，铁器没法普及的第一个原因是战国时的冶铁水平不够，无法制造出比青铜器更强大的兵器。秦国选择青铜兵器是因为工艺达不到。第二个原因是技术不成熟使得换装成本过高，对于"带甲百万，车千乘，骑万匹"的秦军而言，铁器还是不够物美价廉。所以第二个原因简单说就是"良品率低，换装成本高"。

换言之，如果秦军只是列装亚历山大大帝远征军那种几万人的规模，努力一下，恐怕也是可以装备上铁制兵器的，但如果像秦国那样带甲百万、全民皆兵——全国上下都想靠军功出人头地，那青铜兵器反而是更理想的选择。

马其顿军队装备了铁器不假，但铁器与青铜器的代际差距恐怕远没有我们后世想象的那么大。毕竟最早出现铁器的赫梯帝国一样被周边没有铁器的青铜文明给灭掉了；西周晚期最早出现铁器的虢国（中华第一剑"玉柄铁剑"，虢国墓地出土，距今2 800年）一样被假道伐虢只有青铜器的晋国给灭掉了；战国后期，随着科学技术的进步，中原各主要诸侯国的部队已较多地使用铁戟、铁矛、铁刀、铁剑、铁杖、铁甲、铁匕首等新式装备，开始逐渐取代青铜武器，相比之下，当时秦军的铁制兵器则远不如关东各国发达，不过最后还是秦灭了山东六国。

我们可以得出这样的结论：先秦时期，铁器和青铜器有代际差异，但又没有后世的那么大。马其顿军团的主要武器是配有铁制矛头的萨里沙长矛，也仅是枪尖那块很少的一部分为铁制，否则马其

马其顿"萨里沙长矛"的铜铁矛头

顿的士兵根本举不动；秦军的主要武器是青铜剑和
配青铜箭头的弓弩。

总结一句话：在武器装备的先进性和质量上，
马其顿可能力压秦国一筹，而秦军装备的主要优势
依然是数量和产能。

如果仅从武器来论两军交战，则马其顿短期爆
发力更强，而秦军长期相持能力更胜。

▷ 披尖执锐的秦军

"六国破灭，非兵不利，战不善，弊在赂秦"。
从苏洵的《六国论》解读来看，过去，古人普遍强
调战国时外交与政治手段的重要性，而并未对战争
或兵器本身进行详细的探究。现在，通过考古对实
物遗存的研究，我们直接接触到了先秦战争的重要
物质载体——兵器。

本书对外交和政治手段也有所提及，但毕竟我
们着重考察的是秦军和马其顿军的沙盘对垒，所以
兵器才是我们考证的重点。

对于秦军装备的兵器，主要参考了王学理先生
的《秦俑兵器刍论》和李学勤先生的《东周与秦代
文明》，然后从 3 个方面来讨论秦军的制式兵器：
(1) 长兵器（包括：戈、矛、戟、铍、钺、晋殳
等）；(2) 短兵器（短剑、剑）；(3) 远程兵器（箭

镞、弓矢、弩机等）。

当然，抛开数量谈质量是不负责任的，在深入研究兵器种类之前，我们应该对秦军远近兵器的占比有个大致的了解。

王学理先生的《秦俑专题研究》一书，对出土兵马俑的装备、分类做了详细的统计和研究，以下以一号、二号、三号坑情况为例，来推测秦军兵器装备。

一号坑中：东端出土陶俑共计 1 087 个，铠甲俑 687 个，袍俑 400 个。其中持弓弩的秦俑共计有 451 个，弓弩装备率为 41%。

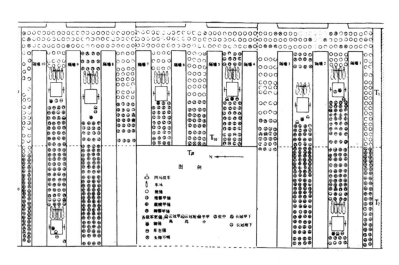

王学理《秦俑专题研究》所载"一号坑"秦俑示意图

当然，这个装备率只是秦军五方阵的前半部分，而整个一号坑是一个长方形，弩兵主要布置在阵列表面，即前后和两翼，阵中大量的随车步兵则是使用长兵和贴身短兵的。按王先生的观点，整个一号坑内预估有陶俑近 6 000，其中使用长兵，进行白刃格斗者占全坑 85.6%，而持远程兵器者只占到 15% 左右。

二号坑中：有射手方阵 344 人，其中弓弩兵 298
人，占比 86%；车步骑混编方阵 191 人，其中车乘
39 人，随车步兵 144 人，散骑 8 人殿后；车步方阵
138 人，其中车乘 18 人、随车步兵 120 人；车骑方
阵 126 人，其中车乘 18 人，骑兵 108 人。

二号坑中总的弓弩装备率为 30%。考虑到骑兵
也多使用弓弩，弩装备率比一号坑来得更高些。

由此看来，秦军远程兵器弓弩的装备率在
15%～30% 之间浮动，秦军人人都是弓弩手的这种
传统说法恐怕只是秦军拥趸一厢情愿的误解。

秦始皇陵的兵马俑更多的时候是秦王朝军事装
备的展示。兵马俑分步兵、骑兵、车兵三大类，或
站或蹲或骑或御，这是根据实战需要的布置，所以
不同兵种装备各异。

有学者做过统计：兵马俑中大部分士兵身穿铠
甲，其披甲率超过 80%。但是，有部分学者认为这
种披甲率过高。因为，据《太白阴经》的记载，在
唐朝时，军队能达到 60% 披甲率就已经是精锐了。
而秦军达到 80% 披甲率的，只能是秦始皇的禁卫军，
秦国一般部队是达不到这个比例的。

然而，根据"里耶秦简"中的迁陵军需仓库统
计：这些装备一共可以武装 500 名士兵。这 500 人
中有 370 副铠甲和 80 多件头盔等，其士卒披甲率
为 74%。

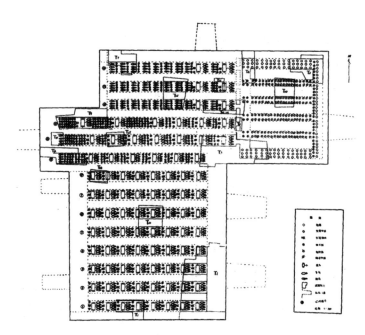

王学理《秦俑专题研究》所载"二号坑"秦俑示意图

要知道，迁陵县只是一个秦国的边陲地区，是刚征服没多久的地方，这里的士兵只是二线驻防部队"乘城卒"，主要执行地方安保任务。秦国二线部队披甲率都那么高，一线作战的部队披甲率更高并非不可能。因而，现在一般认为秦军铠甲的装备量能达到70%以上，秦军高披甲率不是某支军队的特例，而是一个比较普遍的情况。这还从一个侧面体现了秦国军队的装备是完备的，秦军并非传说中那样赤裸上身手提人头的虎狼野蛮之师。

其实"里耶秦简"中还有一则有趣的记录，说有一个叫"僚可"的士兵逃跑了，他随身携带了2张弩，4条弩弦，200支箭，1把钜剑，因其所带兵器数量不少，社会危害极大，秦国官府便在全

国范围进行通缉抓捕。这位逃兵"僚可"就是一个
持弩带剑的秦国弩手形象，是不是和我们参观的
"秦始皇陵兵马俑"中的弩手一个摸样?! 但是，由
于"僚可"是逃兵，我们并不能确定他是类似于一
号坑中的无甲弩手，还是类似于二号坑中的披甲
弩手。

好了，现在我们对秦国兵器和盔甲占比有了宏
观的理解，让我们再回到微观上。

秦军的长兵器主要是："戈、矛、戟"。从《秦
风·无衣》"修我戈矛""修我矛戟"等句中可以看
出，戈、矛、戟三者之间联系紧密。

一件完整的秦戟由秦戈与秦矛组合而成，这在
考古中俯拾皆是。目前为止，还没有出土过一体成
型的秦戟，由此可见，秦戟只是戈、矛二者的合体，

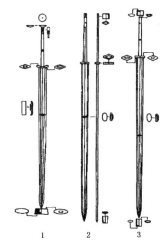

兵马俑坑出土的秦铜剑

而没有直接单独成为一种专用兵器，这和后世方天画戟那样的专属兵器还是有所区别的。

此外，秦军的长兵器还有一种"铍"，目前考古发现的秦铍集中出土于秦俑一号坑：共计16件，其中5件完整，甚至可见木秘与韬之痕迹。现就这批资料对秦铍的形制进行分析：

铍头部与短剑相似，截面为扁六面形，两侧开刃，刃部近直至前端收聚成锋，长形扁茎，茎、身结合处有一字型格，茎下有用以与木秘钉固之孔，铍头为一次铸造成型，下端插入木秘顶端，秘下端套入铜镦之中，通长359～382厘米。

由此可知，秦军中也有类似马其顿方阵使用的超长兵器即铍，而且东周列国也都有铍这种超长兵器，铍从来就不是秦国特有的兵器。文献对铍多有记载，比如许慎《说文解字》中说："（铍）剑如刀装者。"孔颖达《春秋左传正义》中说："正义曰：'《说文》云铍，剑也'，则铍是剑之别名。"段玉裁《说文解字注》中说："剑

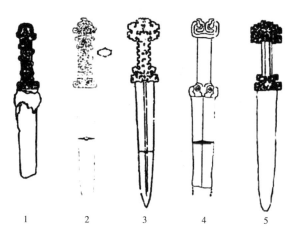

兵马俑坑出土的秦短剑

两刃、刀一刃，而装不同，实剑而用刀削囊之是曰铍。"

秦军的短兵器一般分剑和短剑。从考古发掘来看，秦剑长度一般从 35 厘米到 120 厘米不等；而秦短剑长度一般为 23 厘米到 35 厘米不等。

2.2 马其顿和秦国人口

➤ 马其顿——夸张的人口数据

黑暗时代结束，古希腊进入城邦时代，人口在此时也得以显著增多，这是西方历史界的一个基本共识。

那古希腊的城邦时代到底有多少人口呢？

关于古希腊的人口问题，由于严重缺少相关史料，人们如今只能依靠当时的文献来进行有限度的推测。

那史学家是如何推测的呢？

今日的希腊土地贫瘠、山多地少，并非适合农耕的沃土，现在的希腊总人口大约为 1 100 万。而城邦时代的古希腊面积大约只有今日希腊的一半，农耕面积与亩产肯定也大大逊色于今日，由此可知：

古希腊一众城邦人口的上限，不应该超过 1 100 万。

这个 1 100 万可能就是古希腊总人口的天花板（上限）。

那么古希腊到底有多少人呢？

讽刺的是，如果我们只相信古希腊文献资料，那推测出来的古希腊人口极有可能要比如今希腊的人口还要多得多。

孟子说："尽信书，不如无书。"

根据古希腊希罗多德《历史》一书记载："波希战争"时，波斯曾率领约 530 万大军远征希腊，希腊北部地区一共有 32 万人投降，其中包含了海军的 2.4 万人，南部的希腊文明核心区组织了 25 万人应战，其中海军主力有 7.6 万人，非主力大约有 7 万人，陆军有 11 万人。

因此，希腊总兵力合计为 57 万，后勤补给的人数按 1∶1 这种最低情况估计，也至少是又一个 57 万，那波希战争中希腊一方参战总人数为 114 万。

按西方学者估计，参战人数通常占总人口数的 15%，其中参战人数包含了后勤补给而不是只有一线部队。如此估算下来，古希腊总人口大约有 760 万。

而据修昔底德说，希腊一旦到了最危险的时刻，往往有三分之二（67%）青壮年都会参战，由此可知当时希腊城邦大约有 170 万青壮年，其中的 114 万参战，56 万没有参战。如果按照五口为一户，一户出一个青壮年来粗略计算，那古希腊参战区总人口数就应该为 870 万，如果算上三分之一未参战的城邦之约 430 万人口，那么整个古希腊人口粗略估计大约在 1 300 万。

按希罗多德和修昔底德的说法来推测，古希腊人口已经妥妥突破今日之希腊人口了。

不难看出古希腊文献在这方面显然是掺水的。

对此，西方学界已有普遍共识，所以现在西方学界一般认为希罗多德的《历史》虽是开宗立派之作，但其中注水严重，明显夸大，波斯军队绝对不会有 500 万规模，至多不过 20 万。

希罗多德《历史》中有关古希腊的人口推算不可信。那别的文献可信吗？

按别的文献推算的古希腊人口，比希罗多德的来得更离谱。

在古希腊历史学家修昔底德创作的《伯罗奔尼撒战争史》中，雅典人几乎无时无刻不在战争之中：先是与同盟者派 250 艘战船远征埃及，最终全军覆没；后以雅典为首的"提洛同盟"（Delian League）和以斯巴达为首的"伯罗奔尼撒联盟"（Peloponnesian League）之间爆发战争，雅典投入 300 艘战舰，1.3 万名重步兵，1.6 万人驻守部队，约 3 000 名弓骑兵。如果按每一艘战舰 100 人算的话，那么第二场战争中，雅典海军约 3 万人，总兵力为 6 万多。按照修昔底德所说的危急时刻三分之二青壮参军传统，雅典城总计约有 9 万名青壮年参战，若一家五口出一名青壮年，则雅典城总人口粗略估计约为 45 万。雅典土地贫瘠，面积占当今希腊面积的 2% 左右，古希腊面积大约只有如今希腊的一半，因此雅

典联盟总人口约有 1 125 万。

按这种标准来推算，一些西方学者认为当时雅典联盟总人口为 1 000 万—1 500 万。由于雅典海军强大，斯巴达陆军强大，两城对峙多年不分上下，所以斯巴达联盟总人口估计不会比雅典少太多，至少应该也在千万级别以上。

而除了雅典与斯巴达这两大盟约组织，古希腊还有约三分之一为中立城邦，它们的人口应该与这两方大致相当，否则早就被这两大联盟给吞并了。三方合计，古希腊总人口约在 3 000 万以上。

3 000 万人口已经 3 倍于今日希腊人口了。

今日希腊比古希腊面积大，技术也更先进，人口却只有原来的三分之一，这还不离谱吗？

逻辑上说不通，所以我们这里换另一个算法来考证。

根据西方文献记载，亚历山大东征时，每打下一地，除了驻军外，还需要大量移民，由古希腊人担任当地的政府官员、工程师、医生等职务，以完成对该地区的希腊化改造。而亚历山大帝国最强盛时的面积达 550 万平方公里（秦统一后的面积是 300 万平方公里），如果按每平方公里有 1 个人来算的话，古希腊总人口的下限为 550 万，而如果按每平方公里 10 个人算的话，古希腊总人口的上限就是 5 500 万。

亚历山大大帝东征时，西方史料说波斯帝国总人口为 3 000 万，因此为了有效统治，估计驻守的古希腊人数不可能太少，那么古希腊人口总数就更为惊人了。

从 1 300 万推演到了 3 000 万，再从 3 000 万推演到了 5 500 万！这简直是离谱至极。

按照这些专家最保守的估计算，古希腊人口也在千万级别以上。数十万或数百万人能供养一批"不务正业的闲人"（脱产的思想者），古希腊大师众多倒完全是可能的。

但问题在于：上述这种规模的人口推算真的合理呢？

显然，光看古代的这种战争规模就完全不可信。

19 世纪中期以前的任何欧洲战争规模都很小，古希腊的这种战争规模如果是真的，那都达到欧洲一战前的水平了，这才是"遥遥领先"，和天方夜谭没有区别。

就算这些文献记载的都是真的，古希腊也真的有 3 000 万以上的人口，那考古证据呢？

这种规模的人口总该有对应的古战场吧？问题是这样人口规模的古战场遗迹今何在呢？

秦赵长平之战古战场就在山西高平市长平村，那累累白骨足以说明秦赵双方几十万规模的战争是真实存在的。

而古希腊这边目前并无相关规模的古战场遗迹被考古发现。更重要的是，官方资料显示，现在希腊国土面积为 13.2 万平方公里，古希腊面积约为 7.6 万平方公里，2019 年希腊总人口为 1 112.8 万。古希腊土地面积只有如今希腊的一半，怎么能养活比如今希腊人口还多的人口？连一半都匪夷所思！

即便他们是海洋文明，有着庞大的海外殖民地，靠商业运作进口粮食，以当时的运输能力，要如何能运输 500 万人作战的粮草？

这里我们基本可以得出一个粗略的结论：古希腊人口可能比我们想象的要少，上限不会超过 1 000 万。

➤ 秦国——根据史料的互证推测

下面我们用同期（春秋战国）的中国人口为例来做一个大致对比。

《周礼·大司徒》记载："不易之地，家百亩。一易之地，家二百亩。再易之地，家三百亩。"《孟子》记载："百亩之田，勿夺其时，八口之家可以无饥矣。"

在周朝，一亩地的面积大约是如今一亩的三分之一，因此百亩大约相当于如今的 30 亩，一家通常是五口人（多则八口）。肥沃点的土地需要 100 亩才能养活五口人，换算下来，养活一人需要如今的 6 亩地；次一等的地则需要 200 亩，即养活一人需要如今的 12 亩；再次一等需要 300 亩，即养活一人需要如今的 18 亩。

《周礼》中对中国人口的估算是和田地挂钩的：人口数和田地数量及质量正相关。不过，亚圣在《孟子》一书中还特地为此补充了一个"勿夺其时"的前提条件，就是说要按时耕种，且要风调雨顺。

除了地利，孟子还补充了天时。

所以，以周朝版图来计算，当时中国人口上限只能在 2 500 万—3 000 万，再多这片地就养不活了。秦统一六国后面积为 300

万平方公里，按每平方公里 10 个人算，人口上限至
多不过 3 000 万，这都是比较符合现实情况的。

一直以来，古代中国都是农耕为主，所以农耕
技术总体要领先欧洲不少，古希腊的农耕技术就算
再厉害，也不太可能超过周朝，更何况他还是海洋
文明，这是由地理因素限定的。就算给古希腊开个
后门，两者间的亩产水平也至多相等。

如今希腊人口约 1 100 万，主粮还需大量进口，
那么只有现在希腊一半面积的古希腊有可能有几千
万人口吗？

所以现在西方学界普遍修正了这些文献中的逻
辑错误，认为古希腊人口巅峰在 750 万到 1 000 万之
间，这还包含了古希腊境外的殖民人口。

关于古希腊的人口问题，至今仍是一笔糊涂账，
最多只能在逻辑演绎下"粗略估计"。我们就以亚历
山大大帝即位后，整个古希腊城邦有 700 万人口来
计算吧。

那秦国呢？战国中期的秦国有多少人口？

《战国策》记载，战国中期的苏秦为赵国合纵的
事去游说齐宣王，他说："临淄之中七万户，臣窃度
之，下户三男子，三七二十一万，不待发于远县，
而临淄之卒，固以二十一万矣。"

苏秦说临淄一城就有 7 万户，平均每户能出 3
个男丁参军，所以光临淄一地就能轻松征集 21 万

士兵。

著名的历史学家范文澜曾说，先秦是"按五人出一兵"，如果是 5 人出 1 兵，那齐国临淄城的一户就要有 15 人了。

这可能吗？

苏秦去游说，说的情况是极限的。就是不用去远的地方抽调，在必要的时候临淄能抽出 21 万人，每户出 3 人。

这是极限情况而非正常情况，苏秦知道，齐宣王自然也知道。

既然齐国每户能出 3 个男丁参军，那每户到底有多少人呢？

战国早期李悝为魏文侯变法时曾说"今一夫挟五口"，而西汉的晁错也说"今农夫五口之家"。

可见从战国到西汉，一家似乎为五口。

但是，孟子说："百亩之田，勿夺其时，八口之家可以无饥矣。"若农耕的时节选得好，八口之家就不会挨饿了。

这里我们取五口之家为一户的下限，八口之家为一户的上限，那中间数一户大约为六口。

所以，苏秦说齐的时候，齐国首都临淄应该有 42（7×6）万人口，21 万士兵占比已经达到 50% 了，显然这属于特殊情况而非正常情况。

那我们推测的这个人口数字属实吗？

汉平帝元始二年，都城长安的户籍人口约 8.8 万户，口 24.6 万，而京兆尹辖区范围内有在籍人口约 19.57 万户，口 68.25 万。

由此可见，战国中期的齐国都城临淄有 42 万人口是有可能的。《晏子春秋·杂下》记载："临淄三百闾，张袂成阴，挥汗成雨，比肩继踵而在……"意思是说春秋时的齐国都城临淄已经有很多人，他们展开衣袖可以遮住太阳，每人挥一把汗就像下雨一样，人多得肩擦肩，脚挨脚。

所以皇甫谧在《帝王世纪》中说："计秦及山东六国，戎卒尚存五百余万，推民口数，当尚千余万。及秦兼诸侯，置三十六郡，其所杀伤，三分居二。"也就是说，秦国吞并六国的战争期间，使军民死伤了三分之二。这里皇甫谧似乎看过更早的文献材料，他才说秦灭六国的战争结束后，士兵还有 500 万，而秦朝的全国人口还有一千多万，按大战杀伤的人口占比为三分之二计算，战国后期的死伤人数可能有近两千万。

战国存续时间为公元前 476 年—公元前 221 年，共 255 年。在这 255 年中死伤 2 000 万军民的数字可信吗？

中国历史学界有个基本共识：春秋早期到战国早期的人口是有所增长的，但战国中期到西汉早期的人口数量是锐减的。

首先，学术界认为较为靠谱的是东周周庄王十三年（公元前 684 年）的数据，当时已出现"料民"这一人口调查统计活动，此时是东周的春秋时期，这会儿一共有"1 184.7 万"人。

其次，翦伯赞先生主编的《中外历史年表》中对秦军斩首的数量做过统计："公元前 331 年，败魏，斩首 8 万；前 312 年，破楚师于丹阳，斩首

8 万；前 307 年，破宜阳，斩首 6 万；前 301 年，败楚于重丘，斩首 2 万；前 300 年，攻楚取襄城，斩首 3 万；前 293 年，大败韩魏联军于伊阙，斩首 24 万；前 280 年，攻赵，斩首 2 万；前 275 年，破韩军，斩首 4 万；前 274 年，击魏于华阳破之，斩首 15 万；前 260 年，大破赵军于长平，坑卒 45 万；前 256 年，攻韩，斩首 4 万；又攻赵，斩首 9 万；前 234 年，攻赵平阳，斩首 10 万……"

秦国对外战争期间，尤其是在战国中后期到秦国统一前的 97 年（前 331—前 234）时间里，据不完全统计，秦军斩首的敌军数量合计为"140"万，根据司马迁的《史记》统计，光是秦将白起就消灭了 90 万。

一般战争中负伤率是战死率的 3 倍左右，由于医疗条件限制，古时战争中负伤者存活率不高，即使活下来，也大多丧失劳动能力。也就是说，仅秦国一国，在战国中后期不到百年时间里就减了别的诸侯国近 760（140＋140＊3＝760）万的人口。

战国后期，秦国统一之势已成，势不可当，但山东六国致秦国伤亡的数字肯定也不小，再考虑到还有一些小国的存在，因此战国后期 2 000 万的伤亡数应该是可信的。

所以，皇甫谧说战国后期的死伤人数可能接近 2 000 万，是大致没错的。

由此，基本可以得出结论：先秦历史上的人口数字是比较真实可信的，这些人口数据一脉相承，且各诸侯国的史料之间相互对应，所以最后是可以把这些数字拟合到一起的。

梳理完这些数据后，大致得出：春秋早期全国总人口为 1 200

万；战国早期总人口为 3 000 万；战国后期的总人口
应该为 2 000 万。

那秦国在其中占比多少呢？

《史记·白起王翦列传》中记载，秦国第二次攻
打楚国，王翦说"非六十万人不可"，秦王（始皇）
曰："为听将军计耳。"于是王翦领兵六十万，秦王
政亲自送至灞上。

战国后期，60 万士兵，是秦国的举国之兵。按
15% 的极限征兵比例计算，秦国此时 400 万人口，
而如果按 8% 的正常征兵比例算，秦国人口为 750
万。合理推算，至少需要 10 个人口养 1 个战斗兵，
那么 60 万士兵至少需要 600 万人口。

所以，战国后期的秦国人口下限应该为 600 万，
上限为 750 万。以此逆推秦惠文王时期秦国（前 356
年—前 311 年）的人口下限应该在 500 万，上限为
620 万。

这样，我们大致可以得出一条有关人口的重要
数据：秦惠文王时的秦国人口中间值约为 560
万，而古希腊城邦时代的科林斯联盟人口约为 700
万（其中应该去掉斯巴达人口，因为它不在这个联
盟中）。

2.3　双方战术

➤ 熬出秦锐士

讨论了兵器材料、人口，现在讨论一下秦国和马其顿常用的战术。

首先，来聊聊秦国的高战力是如何熬出来的？

没错，这是熬出来的。

秦本偏远小邦，中原诸侯都嫌弃它，视之为戎狄，称其为虎狼。今天的虎狼好像很威猛，但当时虎狼并不是好词。《史记》有云："秦王为人……少恩而虎狼心"；"夫秦王有虎狼之心，杀人如不能举……"；"秦虎狼，不可信……"

先秦时代，人口一直在增长，但到了战国中期以后，人口急剧减少，究其原因就是战争规模极致扩大。随着战争规模扩大，各国的战术战略也不断更新迭代。

这种迭代对士兵的单兵素质提出了更高的要求，同时也为国家中脱产的常备兵开辟了道路。

常备军是各国严格选拔出来的精锐部队，在《韩非子》中被称为"选练之士。"

这群专业士兵，在各国另有称呼：在齐国被称为"技击"，在魏国被称为"武卒"，在赵国被称为"百金"，在秦国被称为"锐士"。

这些职业化的军队在各国中都是精锐和尖刀，往往担任最重要的突击任务，在战斗中通常发挥绝地求生的作用，所以对他们的严格训练必不可少。

训练内容包括：基础的阵列训练；军旗军鼓的信号训练；手搏；角抵；剑术；御马；射技；……项目繁多，不胜枚举。

单拿剑术举例，秦国锐士需要做到："为刺则入，击则断，旁击则不折。"简单说就是近战时，持剑对敌的秦锐士需要出手干净利落，做到一击必杀。这种训练的主要目的是使持剑者对剑各个部位极为了解，知道如何通过剑的不同部位格挡对手，甚至斩断对手的剑，知道如何拿捏剑身击打的角度、如何使力和收力、如何防御才能抵消对手的攻击，知道如何保证自己的剑在什么角度才不至于断裂。

高强度的训练，职业化的培养，使得秦国锐士对于武器的运用得心应手，出招就是奔着尽可能杀伤敌人、保存自己去的。

当然，战争从来不是街头斗殴逞能，并非一个人的游戏。秦军同袍之间相互协同配合，合理运用战阵，才能实现 1＋1＞2 的效果。

秦锐士在训练中需要谙熟于胸的是方、圆、疏、数、锥行、雁行、玄襄、水火等各种阵行，知道自己在战阵中的具体位置，并知道变阵后的位置，以及和周边同袍如何攻防轮转。

秦锐士只有做到"每变皆习",才能"乃受其兵"。长期高频训练使得秦国锐士进退左右,俱成行列。

《孙子兵法·谋攻》篇中说:"五人为伍,五伍为行(háng)。"所以后世才用"行伍"表示军队,以"入伍"表示加入军队。

当然,光是熟悉这些单一阵型还远远不够,作战的地形多变,所以阵型变化也自不可少,山地、丘陵、湖泊、沼泽、戈壁等地形都要搭配不同的战阵,所以并没有一成不变的阵型,灵活变化才是取胜之道。

那这种如特种部队一样的秦国锐士是怎么训练出来的呢?

1975 年出土于湖北孝感市的"睡虎地秦墓竹简"中的《秦律杂抄·除吏律》写道:"驾邹〔zōu〕除四岁,不能驾御,赀〔zī〕教者一盾;免,赏(偿)四岁繇〔yáo〕(徭)戍。"

大意是说:驾驶秦国战车的御手要经过 4 年的训练,过了 4 年仍不会驾车的,罚负责此人的教练自费赔偿军队一面盾牌;御手本人将被免去军中职务,并处罚此御手 4 年徭役或戍边。

一荣俱荣、一损俱损的"连坐"模式,使得秦国的教官特别严格负责,拼命地操练新兵以确保自身不受牵连。而秦国军队的这套制度,显然就来自于上一章中提到的商鞅变法,这套把人民绑到军事上的新法,虽然一方面泯灭了人性,但另一方面也的确强大了秦军的实力。

正所谓严师出高徒,这种高强度调教出来的秦锐士一般认为应该优于"各国同行",正如《荀子·议兵》中说:"齐之技击不可以遇魏之武卒,魏之武卒不可以遇秦之锐士。"

虽然这些职业化军队实力强悍，但显而易见这种常备军成本过高，因而当时各国都不具备大规模部署的可操作性。

通过前文不难看出，训练一个秦锐士的御手要花 4 年时间，他的教官也要用 4 年时间来考核，这对于训练一个职业军人来说已经很久了。

《墨子·非攻篇》也说："古者吴阖闾教七年，奉甲执兵，奔三百里而舍焉。"就是说要教出奔袭 300 里不卸甲不丢兵的士兵，吴王阖闾花了足足 7 年时间，且只训练出 500 人。

可见一支常备的职业化军队的训练成本非同一般，而且人数也绝不可能很多。

既然各国的国力决定了高级兵种人数有限，且战国时期各国又不会给你训练出高级兵种的机会，那该怎么办？

还能怎么办？用低级兵种的数量来熬呗！

因而，各国的"更卒"或"戍卒"才是各国军队中真正的中坚力量（人多势众）。更卒延续自更早的商周时期，这是一种国人兵制度或公民兵制度，平时为农，战时为兵。

《汉书·食货志》引董仲舒云："（秦）月为更卒。"征发对象为入籍并合乎应役标准的秦国丁男，服役范围主要是中央或地方的各类工程，期限为一个月，所谓"一月一更"，应役者既可一次服满，亦

可数次累计足月。每个秦国成年男子一生须服二年兵役：一年在本郡接受军事训练，称为"正卒"，另一年到京师宿卫或到边境戍守，称为"卫士"或"戍卒"。汉承秦制，基本延续了这套制度。

这套制度最早出自商周的"蒐狝"（sōu xiǎn），即《左传·隐公五年》中记载的"春蒐，夏苗，秋狝，冬狩"的总称。

藏军与民，将军事活动与田猎活动相结合就是这套军事制度的指导思想，通过这种方式可进行多兵种演练又不耽误农时、影响生产。更卒制度本质上沿袭自更古早的国人野人制，但在战国时期，如果光是全民皆兵，那你有我也有，并不能单靠人数"卷"出重围。

于是，《尉缭子》一篇提出了方法："武士不选，则众不强。"虽然不至于全部培养成秦锐士这样的高级兵，但也不能让所有农民都拿起武器上战场，这些"更卒"还是要挑选一下才能真正发挥作用的。

其实，这种制度在战国早期已经得到了战场检验。比如《吴子兵法》中记载了一场秦国和魏国争夺河西之地的战争——阴晋之战，这一战是秦国输得最惨的一场战争，魏将吴起以 5 万魏武卒击败了秦国 50 万大军，创下了整个战国时期交战双方人命交换比最高的记录。

当然，考虑到魏军是魏武卒这样的精锐，实力惊人，但击败 50 万大军，仍然令人感到不可置信。如果吴起没有虚报战功，那更大的可能是：秦军用更卒对阵魏国的武卒。

这再次证明，在战国时代那种越来越强的兼并战和围歼战中，军队单靠数量没有任何优势。

商鞅变法带了另一个好处是：秦国通过变法并通过非常具有吸引力的惠民政策从和秦国接壤的三晋招来大量新移民。这些新移民的数量之多，多到让很多老秦人不再需要从事农业生产而专攻军事项目。

《商君书·徕民》篇对此记载道："今以故秦事敌，而使新民作本，兵虽百宿于外，境内不失须臾之时，此富强两成之效也。"现在用秦原有的民众对付敌国的军队，而让这些别国来的新移民从事农业生产，军队虽然驻在秦国之外上百天，秦国境内也不会耽误一点农时，真正实现了富国强兵。

因为大量新移民的到来，一方面增加了秦国税收，扩充了秦国的国库；另一方面使得秦国本国的男丁几乎人人都可以参军，秦国的可用兵人数因此比别国直接拔高了 1 个基数。

这种制度性的创新，使得秦国从战略上在同别国竞争时占据上风。相比其他国家脚踩西瓜皮，滑到哪算哪，秦国因为变法有了更清晰的对外用兵政策，战役层面，秦国很少打消耗战。赵国老将廉颇知道这层厉害关系，想和秦国打消耗战，秦国自是不愿意，奈何赵国君臣想不到这层关系，偏偏要和秦国速战速决，所以吃了大亏。

那秦军野战时的战阵到底是怎样的呢？

众所周知，古人"事死如事生"，所以这里用秦始皇陵兵马俑作为秦军战阵的主要参考。

8 000 个兵马俑表现了一支强大的秦军作战部队，宿卫秦始皇的皇陵。

1 号坑里的兵马俑背西面东，阵列南北近 60 米，东西约 180 米，说明秦军步兵方阵其实采用的是纵阵列队，它由"独立步兵俑"和"隶属步兵俑"两部分混编而成。

独立步兵俑又可分为："阵表步兵俑"和"阵中步兵俑"，这部分的队形基本为纵横排列，此规律奠定了秦军步兵军阵的基础形制。所谓的阵表步兵就是在阵的四周排列的弓弩兵，他们的主要作用是为战阵提供一种防护性的部署。《六韬·林战》中就对此说："使吾三军分为冲阵，便兵所处，弓弩为表，戟楯为里……"

秦军的战阵显然受到了太公望的《六韬》影响，轻装弓弩兵在外为表。

然后，在东端南北"横排三列"共 204 个轻装步兵俑，作为军阵的前锋，也可称之为前卫，这些士兵绝大多数也是弓弩兵。

轻装弓弩兵几乎无任何防护能力，可以远射作战，不宜近身格斗，作战时"更发更止"，交替轮射。据推测，轮射过程中如果发生短兵相接，当有撤至阵中换防或向两翼疏散的跑位。

> ▶ **秦军阵地布局**

兵马俑阵地布局不仅展示了秦朝强大的军事力量，也反映了先秦时期复杂而精细的兵种配置和阵型策略。以下是对三个不同兵马俑坑的详细分析。

一号坑：步兵纵阵

布局特点

● 步兵纵队　该坑中的步兵俑按照纵队形式排列，形成了强大的步兵主力军阵。步兵俑主要集中在四、五、六、七、八号过洞区域，以严密的纵队排列展示出步兵协同作战的战斗力。

● 战车配置　战车主要集中在阵型的前半部，配有步兵对其进行保护和配合，形成前拒、后跟的战车阵型，类似于今天的步坦协同。战车与步兵的结合展示了秦军对步车协同作战的训练和重视。

● 弓弩兵　两侧长廊的弓弩兵俑提供了对战阵两翼的防御支持，确保了阵型的稳定和进攻的可持续性。

战术分析

● 进攻与防御　一号坑的军阵设计注重攻守兼备，以纵队步兵为主力，战车为辅助，弓弩兵为两翼防御。阵型面向东侧，主要体现了东向进攻的战术意图。（《清华简》记载秦国先人出自东方，所以秦国墓葬都是这种东西朝向。）

● 战阵的阵型稳定性　步兵纵阵提供了战阵坚固的作战基础，战车与弓弩兵的配置则增强了整体的战阵，使其具备了远程和移动配合的战斗力及灵活性。通过这种布局，秦军战阵中右后方的军官们就能够快速反应并及时调整作战策略。

二号坑: 车骑弩兵阵

布局特点

● 轻车兵与带甲车兵　轻车兵阵列在一至八号过洞区域,以"四马三人"的战车排列成方阵,展示了快速冲锋的能力。带甲车兵则以纵横排列的三路阵型展示了车兵与步兵的协调作战能力。

● 骑兵与弓弩兵　骑兵排列在左翼,具有强大的机动性和攻击力。弓弩兵则位于阵前,负责远程打击。

战术分析

● 机动性与冲击力　二号坑的配置突出了车骑弩兵的机动性。轻车兵适于迅速出击,带甲车兵与骑兵能够灵活调整位置以应对不同的战场情况,弓弩兵则提供远程火力支援。

● 阵型灵活性　各兵种根据需要可以随时调整战术,如快速冲锋、机动打击等,以适应不同的战场环境和敌人配置。

三号坑: 短兵警戒阵

布局特点

● 短兵阵　该坑主要配置短兵俑,形成立式警戒队形。指挥战车位于中央,两侧为警戒和待命部队,形成严密的警戒网络。

● 短兵用途　短兵主要用于警戒、督战和仪仗等任务。

战术分析

● 警戒与指挥　三号坑的短兵队形显示了对统帅及其指挥功能的保护。通过严密的警戒和机动配置,确保了指挥中心的安全。

● 战术支援　短兵的设置不仅用于防御,也用于威慑和管理部队,显示了秦军对统帅位置的重视和指挥的严密性。

四号坑：未确定的布局

猜想与分析

● 布局空缺　尽管有各种猜测，但由于缺乏实物证据，关于四号坑的具体布局和功能仍不明确。可能性包括宿卫军、军乐队形等，但没有确凿的遗迹支持这些推测。

● 综合考虑　从整体布局来看，四号坑可能是为完善布局而预留的空间，但具体用途仍需进一步考古发现来验证。

综合分析

秦军的作战策略不仅包括单一兵种的应用，更注重多兵种的组合和灵活运用。以下是秦军合成阵法的特点。

● 多兵种协同作战　秦军常常使用步兵、车兵、骑兵、弓弩兵等多兵种的组合，形成强大的合成阵法。这种阵法能够有效地应对不同的战斗情况，展示了高度的战术灵活性。

● 纵横阵型应用　由一号坑的纵阵、二号坑的曲阵和三号坑的警戒队形可知，秦军能够根据战场需要选择合适的阵型进行作战。不同阵型的配置展示了秦军在攻防两方面的综合能力。

● 综合战术　秦军阵型设计和布局体现了古代中国军事战术的复杂性和精细性。步兵的坚固阵型、车骑兵的机动配合以及短兵的警戒功能，形成了一个多层次的防御和进攻体系。

通过对这些兵马俑坑的布局和战术分析，我们可以看到秦国军事组织的高效和精妙战术。每个坑的设计都反映了当时军事理论和实际应用的高度融合，展现了古代战争的精密与智慧。

需要强调的是，秦国这种强大的军力和精密的战阵是靠时间和变法熬出来的。魏武卒的创始人——名将吴起——曾与魏武侯说起自己在阴晋之战中战胜的秦军，其军阵"散而自斗"。这里的"散而自斗"就是说秦军阵型混乱，军纪溃散，各个部队都各自为战，因此 50 万秦军才被 5 万魏武卒击败。

吴起说的或许是实情，但是秦孝公发愤图强，任用商鞅变法，秦惠文王等继任的秦王基本延续了商鞅的新法，不断整顿军政，"奋六世之余烈"。这样的秦军面貌和秦惠公（阴晋之战时的秦国国君）世相比，可以说是焕然一新，后续的秦王也都极其重视军队的阵型和编制。正所谓"三十年河东，三世年河西"，最终魏武卒抢下的河西之地又被变法后的秦国抢了回去。秦国的这种军事上的进步从兵马俑的细节中也可以得到印证。

➤ 马其顿方阵

现在，压力来到了亚历山大大帝这边。秦军不好惹，那马其顿方阵的战术是什么？

"马其顿方阵"（Makedonische Phalanx）是西方古典时代军事史上的一次革命性军事编阵，此方阵由腓力二世于公元前 4 世纪中期创新出来，并在其儿子亚历山大大帝的征服生涯中发挥了核心作用。

这种马其顿方阵因其强大的作战效能和高效的战术应用，至今仍被西方视为古代战争中的一项伟大成就。

公元前 359 年，伊利里亚人打败了马其顿人，马其顿军队在此战中损失过半，国王佩尔狄卡斯三世（Perdiccas Ⅲ）也在此战中阵亡，可见战况之惨烈。此战之后，佩尔狄卡斯的弟弟腓力二世先摄政、后继位。

腓力二世在他年少时期（公元前 367—公元前 360 年）的大部分时间都待在底比斯城当人质，在那里他目睹了伊巴密浓达将军和他挚友的军事策略。这影响了腓力二世后续对马其顿军队的重组。

腓力二世的军事改革，首先是对当时希腊城邦普遍使用的重装步兵作战的方式进行创新。此前的重装步兵普遍注重盾牌，他改革的重点却反其道而行，创造了一种新武器——萨里沙长矛（Sarissa）。

当这种长矛刚被创造出来的时候，是被用在一个 10（人）×10（人）的方阵中，而能熟练掌握它的士兵很少。随着士兵对这种长矛的运用逐渐熟练，方阵被改为 16（人）×16（人）的阵型。虽然这种变化的具体日期仍然未知，但应该发生在腓力二世统治下的公元前 331 年之前。

腓力二世把方阵中的士兵称为 "pezhetairoi"，

意为"步兵伙友",这进一步显示了这种方阵对国王的重要性。

此外,腓力二世还增加了步兵的训练量,并制定了军事行为规范。在后来亚历山大大帝参加的战役中,此方阵队形基本保持不变,唯一显著的区别是,方阵中非马其顿士兵(雇佣兵等)增多。

这里有必要介绍一下古希腊城邦的几种常见长矛之间的区别:

● 斯巴达长矛(Dory):平均 2.2 米(7~9 英尺),单手武器,主要攻击方式是刺击,可单手投掷,可单兵使用,也可用于集团方阵。

● 古希腊长矛(Spear):平均 3 米(6~18 英尺),单手或双手武器,主要攻击手段是刺击,可单手投掷,可单兵使用,也可用于集团方阵。

● 萨里沙长矛(Sarissa):平均 6 米(16~23 英尺),双手武器,主要攻击方式是刺击,不可投掷,需要搭配盾牌在集团方阵中使用,一般不作单兵使用。

可以说,萨里沙长矛就是为了方阵而生的。在其他条件相同的情况下,使用长矛需要佩带盾牌。如果长矛超长,或者矛头过重,那么必须双手握持才能有效使用。萨里沙长矛以牺牲防御力和机动力为代价,换来更好的攻击力。

剑在军阵中是最后的攻击手段,因为剑主要用来劈砍,所以需要使用者周围有回旋余地。在密集的军阵中,剑的使用往往不合时宜。一般认为,在军阵中,剑的灵活性、攻击力和防御力都不如长矛。马其顿人使用的小盾非常适合搭配萨里沙长矛一起使用,盾与盾之间的缝隙正好适合长矛刺击。

同时，因为腓力二世发明的这种长矛够长，方阵中第 2 排第 3 排甚至第 4 排的士兵可以和第 1 排的士兵一起向前刺击，这样形成的密集的"长矛之墙"，除了机动性差点，再没有别的明显短板。

马其顿方阵的特点

（1）装备和结构

● 萨里沙长矛　方阵的核心武器是一种 3～7 米长的长矛（不同时期长度有所区别），称为萨里沙长矛。每位士兵用双手握住双持杆身的五分之四处（单手根本握不住），以增加长矛的有效攻击范围。萨里沙长矛的长度使得前排士兵在与敌军接触时，其后方又伸出多达 5 层长矛，形成一种长矛之墙的效果，这是极具威慑力的武器阵线。

● 盾牌　每位马其顿士兵都佩戴一个小型盾牌，这种盾牌主要是用来保护左侧侧翼（因为长矛一般主要靠右手控制，所以左侧为弱侧，需要额外防护）。虽然这种盾牌较小，但足以提供必要的保护，同时不增加过多的负重。

（2）阵型

马其顿方阵通常为有 8 至 16 排纵深的密集阵型。这样的结构可以有效地将敌人压制在阵地上，并利用长矛的长度将敌人刺穿或推开。

（3）战术和训练

方阵的强大来自士兵的专业素养和训练。他们

能够在激烈的战斗中迅速调整阵型的方向和纵深，保持队形的稳定性。同时，他们还经常背负沉重的装备进行长途行军，这种训练使得他们在战斗中极为坚韧和高效。

马其顿方阵的作战原理

（1）防御与进攻

方阵的防御力量源自其密集的长矛阵线，可以抵挡绝大多数的攻击。只要步兵方阵的侧翼和后方得到保护，一般认为此方阵几乎不可能被突破。

在进攻时，马其顿方阵可以利用其长矛的优势，压制敌人，并保持整个方阵有极高的战斗密度，使敌人的军阵难以有效突破其防守的阵地。

（2）锤子与铁砧战术

亚历山大大帝运用了"锤子与铁砧"战术（锤砧战术：hammer and anvil），将马其顿步兵方阵（铁砧）与伙友骑兵（锤子）有机结合在一起使用。方阵负责固定或拖住敌军主力，骑兵则会从方阵的侧翼或后方发起突袭，以期形成致命的夹击，一举击溃对手。

方阵将敌人固定在阵地上，即黏住对手防止其逃脱，而骑兵则利用这一点攻击敌军的薄弱环节，最终将敌人包围并消灭。古代战争中的大部分有效杀伤都是在敌人被夹击溃败时完成的。

历史影响

马其顿方阵不仅为腓力二世和亚历山大大帝的军事成功奠定了基础，也对古代西方战争战术产生了深远影响。即使在古罗马帝国时期，这种战术和阵型依然被认为是一种卓越的军事编队。对于古希腊人来说，战争是一件必须要做的事情，如果赢了，那很好，但如果输了，也没什么了不起的，他们可以回家，生活仍然很美好。

古希腊人从来都不是一个强大的尚武民族，马其顿国王腓力二世和他的儿子亚历山大有着传奇的功绩，但他们是古希腊人中的例外，甚至某种程度而言，他们一开始并不算真正的古希腊人。古希腊人知道如何战斗，并且不会回避战斗，战争只是他们所做的许多事情之一。但古罗马人不是这样，他们（当时）不愿意接受任何不能触及胜利的事情。

一支真正的亚历山大军队由三支部队组成，马其顿步兵方阵只是其中的重要组成部分，同样重要的还有坚守在敌人侧翼和后方的那些骑兵及别的兵种。这些部队协同作战，却被后继国家包括马其顿自己抛弃和遗忘，马其顿方阵被罗马人击败就是步兵和骑兵没有协同的结果。据悉骑兵根本没来得及赶上当时的大战，步兵又因为地形关系非常松散，所以才遭遇惨败。尽管马其顿帝国最终被罗马人推翻，但马其顿方阵的威名和战术影响依旧值得被历史铭记。

现在，有了这些基础史实以及一些基于文献的推测，我们终于可以看看秦国和马其顿王国在大约同一时期（公元前 356 年—公元前 323 年）战场上的表现了。

3 异军突起：各自的实战巅峰

前文中我们谈了不少有关马其顿和秦国的史实及理论，但这些总归还需要实战的检验，毕竟没有经过实战检验的理论都只是"假把式"。接下来让我们在战场上看看它们各自的真家伙（实战战绩）。

先从马其顿亚历山大大帝这边说起。

3.1 高加米拉战役

亚历山大大帝的一生和很多著名将领一样"百战百胜"，在他经历的这些战役中，高加米拉战役（The Battle of Gaugamela）毫无疑问是巅峰之战，此战奠定了亚历山大大帝的历史地位。

高加米拉战役于公元前 331 年 10 月 1 日早晨爆发，马其顿和波斯大军在布莫杜斯（Bumodus）河岸一处名为高加米拉（Gaugamela）的村庄附近列队拉开阵型。该地名的字面意义为"骆驼屋"，靠近古代城市阿贝拉即今伊拉克北部的艾比尔（Erbil）一带。

亚历山大三世和大流士三世都清楚地意识到：眼下这场战斗的胜败，决定了各自帝国的命运。

事前看来，这两个超级军团像是要赶赴一场命中注定的"世纪之王 PK 大赛"一样，战争的结果决定了谁能拿下环地中海沿岸"帝国霸主"的头衔。但事后看来，这场战役就像是一场专门为马其顿国王亚历山大三世炫技而设的一场表演赛。整场比赛毫无悬念，几乎从一开始就进入了"垃圾时间"。

我之所以称其为"垃圾时间"，是因为亚历山大并非第一次和大流士交手，大流士到目前为止还没有从亚历山大手里获得过一场胜利。

3 年前，一支由马其顿人和希腊人组成的"全明星阵容"，越过道德的边境，直接开启了"泛亚洲冒险之旅"。亚历山大大帝不仅亲自帅军游览了几座波斯帝国的古城，还顺手带走了一些颇有当地特色的战利品（比如女人和黄金）。

他轻轻地来，又轻轻地走，挥一挥手带走了一个老迈帝国的风采。不客气地说，波斯帝国的尊严在这个年轻人面前碎了一地。

这位才华横溢的年轻人率领他的军队穿越小亚细亚和黎凡特进入埃及，在两次大战中击败了两支波斯军队。一次是公元前 334 年在现在土耳其的格拉尼库斯河（The Battle of Granicus），另一次是一年后在今土耳其、叙利亚和地中海交汇处的伊苏斯河（The Battle of Issus）。第二次战役，亚历山大三世更是不讲武德地掳走了大流士三世的母亲和妻子。

"丢了夫人又折兵"对于大流士三世而言，可谓再贴切不过了。

到目前为止，亚历山大取得了令人难以置信的成功。他抓住了每一个出现的机会，并在两年内控制了波斯帝国的西部省份。在埃及，他被祭司和民众奉为神明，他们厌倦了几个世纪以来波斯阿契美尼德王朝的统治。亚历山大获得了自己的领土，这比任何希腊人统治过的领土都要大得多，但他的使命仍未完成。他来到亚洲不只是为了赢得一个更大的帝国，而是为了给波斯人致命一击，因为波斯人自一个半世纪前的大流士和薛西斯时代以来就威胁着希腊的自由和文化。亚历山大率领着他所认为的泛希腊联军来到这里，以惩罚波斯人在公元前 490 年—公元 480 年间的入侵中对希腊人造成的伤害。

在亚历山大眼里，亚洲理应被长矛夺取，只有彻底战胜波斯人，两个帝国间的矛盾才会得到彻底解决。

也许有人会好奇，如此久远的事，真能被详尽记载下来吗？

罗马历史学家阿里安（Arrian）和昆图斯·库尔提乌斯·鲁弗斯（Quintus Curtius Rufus）为我们描绘了年轻而勇敢的亚历山大与波斯人作战的场景。

尽管他们在亚历山大大帝死后很久才写下这些历史，但他们使用了我们现在已经失传的目击资料，比如亚历山大的将军托勒密（Ptolemy）的《回忆录》。托勒密后来在埃及建立了一个继承王朝，即"托勒密王朝"。

由此可见，这些历史材料的真实性非常高，这类似于《史记》中也出现了大量秦汉时期的历史人物的口述历史。

这些人对亚历山大的描述对于我们了解他的具体战术、战略至关重要，因为这些资料是我们了解亚历山大生平最重要的古代资料之一。从他们的书中，我们看到一个矛盾的人物：年轻时的亚历山大是"战斗力满格"的超级英雄，胜利在握，帅气十足；但是随着胜利越来越多，他又像如今很多流量明星那样"迷失在自己的流量旋涡里"了，变得越来越"全能型迷之自信"，既对自己熟悉的领域表现出自恋自负，又在政治外交领域表现出狠毒老辣，还在不太熟悉的领域表现出顽固而坚持己见。

这 3 年来的战争一再证明，波斯总是高估自己且低估敌人，也许这是一个古老而孱弱的帝国的必然，也是一个年轻英雄崛起的必然。但无论是内因还是外因，我依然相信：哪怕亚历山大在波斯人眼里代表着野蛮入侵，但野蛮从来不战胜文明，野蛮只摧毁腐朽。某种程度上，老迈的帝国都有腐朽的特征，这恐怕也是一种历史的必然。

3 年来，大流士三世一直在想办法证明波斯帝国依然没有腐朽，他希望力挽狂澜，因而几次三番打算和亚历山大媾和，甚至开出了非常优渥的停战条件，可惜都被亚历山大拒绝了。

大流士三世暂时妥协的原因有很多。一方面，大流士三世可能是在为自己积蓄力量减缓亚历山大进一步扩张的时间；另一方面，大流士三世可能也意识到亚历山大绝非善类，自己的波斯军团在他身上讨不到便宜，从而布置新的防线。而最重要的一方面则是：大流士三世的统治基础，动摇了。

在阿契美尼德王朝晚期的波斯贵族眼里，亚历山大毫无疑问是蛮不讲理的侵略者；但在波斯帝国治下的那些平民眼里，亚历山大是他们的拯救者。

可以这么说：亚历山大能成功是因为他走了"群众路线"。

所以，在高加米拉战役爆发前，形势已经非常有利于亚历山大，这也是为什么前文说高加米拉战役爆发前就已经进入了"垃圾时间"（Garbage time）。

尽管如此，高加米拉战役依然有可能成为大流士三世力挽狂澜的一场战役，毕竟统治者心底都清楚：平民会"站"在胜利的一方。

接下来，我们从数据和阵型方面谈谈这场西方战争史上著名的战役——高加米拉战役。

第一步概述亚历山大的军队及其组成。亚历山大亲自指挥马其顿军队，而马其顿军队由 3 部分组成：

● 伙友骑兵　据悉他们是古代世界训练最充分、装备最精良的骑兵之一，远远领先于任何与他们对阵的骑兵。他们会冲入敌阵，用轻型长矛快速刺杀对手，然后撤退再集合，再次发起冲锋。（因为当时还没有马鞍，不能反复冲锋，只能冲锋后集结再冲锋，冲锋更像今天的单行线。因此，伙友骑兵不能脱离军阵。）

装备精良的马其顿骑兵

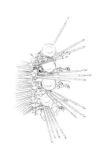

● **步兵伙友**　这些是马其顿军队的步兵。他们的组织方式与希腊方阵相似，但也有一些显著的不同。首先是他们的装备，他们使用的不是古希腊其他地区使用的传统长矛，而是萨里沙长矛。这些人受过严格的长矛训练，在战斗中纪律严明。这些长矛平时和地面成 90 度，只有战斗时才会摆成水平，层层叠叠，形成刺墙，等待着骑兵部队把对手砸到这块砧板上！这就是前文中我们提及的"锤砧战术"。

● **盾牌兵**　他们手持盾、短矛和剑进行近身肉搏。他们都接受过各种训练，可以组成方阵作战，也可以突破队伍冲锋，更可以掩护侧翼，还可以骚

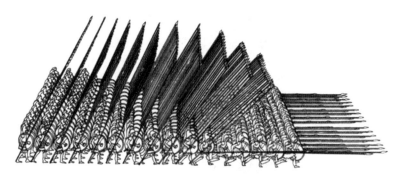

马其顿方针战斗示意图

马其顿盾牌兵

扰敌人，甚至可以穿越困难地形。这些人可以在任何情况下战斗，这种灵活性使他们在方阵中变得像"自由人"（足球术语）一样无价。

公元前331年，年轻的亚历山大率领马其顿军队轻而易举地进入了波斯领土。波斯人派出大军阻止他的前进。这是这场战争中规模最大、最重要的冲突。如果马其顿人在这里失败——离家如此遥远，他们将被迫撤退，退回希腊境内。而如果波斯人在这里失败，他们的帝国将就此终结。

开始　亚历山大将他的步兵

伙友放在前线，骑兵紧随其后；波斯人将他们的军队排列在战场的另一边。亚历山大指挥隐藏的部队前进，而他则骑马随伙友骑兵沿着战线向右前方进发——而波斯骑兵，也必须跟着亚历山大沿着马其顿人的线路前进。一旦被牵着鼻子走，就进入了亚历山大的节奏。

开场动作　亚历山大带领他的步兵以一定角度向波斯军队推进。以这种奇怪的角度前进意味着阵型右侧比左侧更靠近波斯军队，也意味着阵型左侧有很多空隙。这片空隙非常适合波斯战车，因为他们需要时间和空间才能积累能量最终全速前进。这种情况下，大流士三世决定抓住战机部署战车，向马其顿战线左侧发起机动冲击（见高加米拉战役战场示意图 1）。

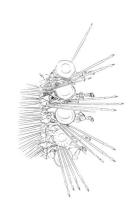

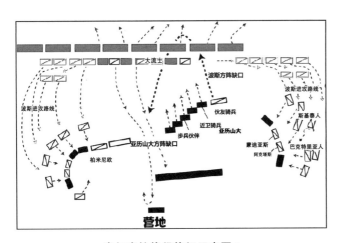

高加米拉战役战场示意图 1

这里看不明白，没关系，后文将从波斯人的角度复盘。

第一次接触　马其顿步兵团接受过战车战斗训练，知道该怎么做。他们没有试图用长矛阻止波斯战车，而是打开队伍，让战车进入方阵，然后再收拢队伍——基本上把这些战车吞没了，士兵们继续拉倒这些战车、骑士，分而治之，并快速结果了他们。战车冲锋可谓惨败。

步兵冲突　（战斗地图左侧）大流士指挥他的部分步兵跟进亚历山大战线左侧的战车。双方激烈交锋，激战正酣。亚历山大的大将帕曼纽指挥着步兵，尽管战斗激烈，他仍将军队团结在一起。

大动作　在所有这些战斗发生的同时，亚历山大一直被波斯骑兵跟随成为首要目标。亚历山大随后改变路线，开始向波斯骑兵反冲锋。波斯骑兵也及时发现战况转向，向马其顿人冲锋。就在骑兵部队相互接触的最后一刻，亚历山大率骑兵突然右转，这个右转暴露出他已经提前安排在骑兵身后的盾牌兵。盾牌兵事先和伙友骑兵一起奔跑，而骑兵在前很好地遮蔽了他们，他们一直隐藏在队形中间。盾牌手这时冲向波斯骑兵身侧，由于缺乏马鞍，这些波斯骑兵很难突然转向，也就难挡盾牌兵的侧面冲击，而马其顿伙友骑兵则得以攻击大流士三世本人所在的中军大营。

最后一步　亚历山大率领他的伙友骑兵直接冲向大流士三世所在的中军，大流士三世本人就在那里。伙友骑兵冲向波斯军队的同时，有人散布大流士三世已经被杀的谣言，这使得波斯国王大流士三世更为惊慌失措，只能无奈撤退。国王逃命后，军队也开始颓败，很快整个波斯军队都无心再战，纷纷逃离战场。亚历山大想继续追击大流士三世，但他看到左翼帕曼纽将军有被击溃的危险，于是带着骑兵又大回环向左转，最后击溃了剩余的波斯军队。

亚历山大赢得战役的原因总结如下：

（1）引诱大流士军队（战车）中最危险的部分进入提前安排好的陷阱；

（2）利用其优越的伙友骑兵为诱饵拖住对手的骑兵，又用盾牌兵摆脱对手骑兵的纠缠，最终在波斯人的防线上打开缺口，擒贼擒王；

（3）直接攻击波斯国王，试图在那里抓住他并赢得战争——相反，波斯国王逃跑了，他的军队也紧随其后落跑。

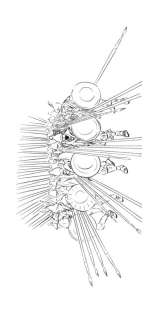

为了更客观地表现这场战争，现在假设我们是大流士三世，再来复盘此战全过程。

很明显，大流士三世这三年来都在反思伊苏斯之战的教训，他知道马其顿军团右翼伙友骑兵战斗力极强，于是给自己这方与之对垒的左翼指挥官巴克特里亚总督贝苏斯（Bessus）堆了乌泱泱的骑兵。其中，光是他自己领地的巴克特里亚行省（《史记》等史书称其为"大夏"）骑兵就有近 10 000 人，还有来自大益、阿拉霍西亚、苏锡安那的骑兵，共约 15 000 人……另外还有 100 辆战车。

大流士将右翼交给马扎亚斯（Mazaeus），他是巴比伦尼亚的总督，手上有超过 11 个民族的部队，他们组成了雇佣兵方阵。但哪怕是弱侧，马扎亚斯统辖的军队数量仍然对马其顿左翼形成压倒性优势，他手里保守估计也有超过15 000人，也有一些战车。

最能打的里海步兵也在马扎亚斯的右翼，大流士三世就指望靠右翼的优势压倒马其顿的弱侧左翼。

两翼齐飞，左右开弓，还不能碾压马其顿吗？

最后，大流士三世按照波斯传统，坐镇中军，把禁卫长生军（Immortals）等一众步骑混编卫队留在自己身边，防一手亚历山大三世万一出现的斩首行动。毕竟这种情况在伊苏斯战役中已经出现了一次。3年前，大流士三世跑了，唯一的代价就是自己的家眷被亚历山大当"纪念品"扣下了。

大流士三世信心满满，觉得这把稳赢！

当看到对面马其顿阵列开始向前推进后，大流士三世目瞪口呆，他琢磨不明白，为什么马其顿人的中军在对着他的左翼斜着插过来!?

但是大流士三世转念一想：我已经有了万全的准备，管他的，优势在我！于是发出信号，让左右两翼包抄马其顿人，铁壁合围！

注意，从现在起，两边几万骑兵加几百台战车在平原上拉起了烟尘，这些烟尘开始遮蔽大流士三世原本清晰的视线。

正所谓将在外军令有所不受，大流士三世只能寄希望于两大总督能把左右两军指挥好，洗雪前耻。

不难看出，大流士三世的左右两翼已经事实上成了"无网络的托管模式"。（见示意图2）

首先是战车"光速"进入对方的步兵方阵，然后"光速"陷没

（见示意图3），没有激起一丝涟漪，但大流士三世丝毫不慌：优势仍然在我！

然而，左翼的贝苏斯因为亚历山大朝着战场外侧的横向移动——也开始跟着进行对应的机动转移，距离越拉越远不说，最后才发现中了亚历山大的计。

狡诈的亚历山大把散兵和轻兵藏在右翼骑兵后面跟着跑，以米尼达斯的希腊骑兵为先导，其他骑兵包括阿瑞提斯的人也砸进来了，同时有阿塔卢斯、克里森和布兰德的步兵配合，众兵开始分批次地对贝苏斯发起突击和阻击。

所以贝苏斯被马其顿人给成功地包围了。为了赶紧分出胜负，贝苏斯不断下命令让预备部队加入战斗。

没错，在大流士三世不知情的地方，贝苏斯这个庸才把波斯巨大的兵力优势给耗完了。

哪怕这个时候，大流士三世依然觉得优势在我。

因为当大流士三世看向自己的右翼时，发现马扎亚斯起到了该有的作用，对方的帕曼纽似乎陷入了苦战。

虽然阴险的亚历山大军阵起到了一点效果，但其左翼的帕曼纽将军颓势明显，击溃他只是时间问题。

左翼承受压力的帕曼纽将军正因为重压而不断向中军内旋。（旋转是这种对阵经常会出现的情况，

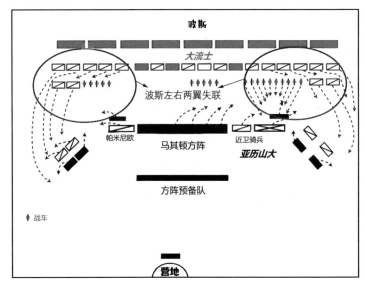

高加米拉战役战场示意图 2

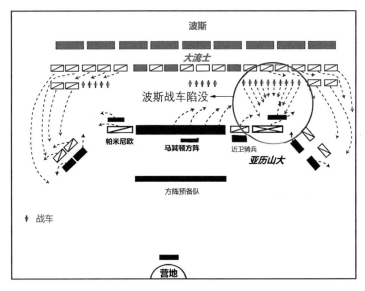

高加米拉战役战场示意图 3

大家都想用强侧打击对方弱侧。很多时候就是在这种消耗中，一方靠兵力优势把对手"卷死"。）

受到重压的部队是没法推进的，他们定在原地就导致了一个问题：随着中间取得优势的马其顿中军不断推进，马其顿的左翼和中军在阵型上出现了脱节。

大流士在等一个机会，这个机会出现了！

一个大口子！

大流士三世并不认为自己犯错了，于是发出了可能是在这场战役里的最后一条命令：

他让身边的骑兵卫队带着所有中军的骑兵朝着这个口子冲进去了（见示意图4）。

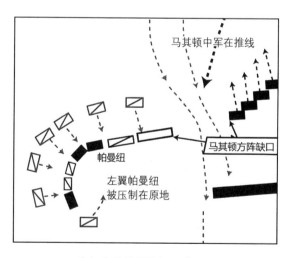

高加米拉战役战场示意图 4

这个指挥没有问题！大流士三世这么觉得。

亚历山大也这么觉得，他等的就是这一波。

忘了吗？左翼的贝苏斯在远离本阵的地方大方地消耗掉了人数优势，把预备队都砸下去了（然后，还没取得优势）。左翼的骑兵被敌人放风筝拉远，剩下的兵力不是已经投入战斗就是正在赶去帮忙的路上。

忘了吗？刚刚为了冲口子，大流士三世把身边的精锐骑兵也全部堆到正面去了，二线的步兵因为缺乏准备，调上来还需要点时间。

但战场上能给你慢吞吞的时间吗?!

想象一下，你左手往左边打出去一拳没收回来，右手往前面伸出去也没收回来，对手这时候会有什么东西留给你呢!?

亚历山大，就在等这个时机！

亚历山大率伙友骑兵冲进了大流士三世露出来的大口子（见示意图5）。

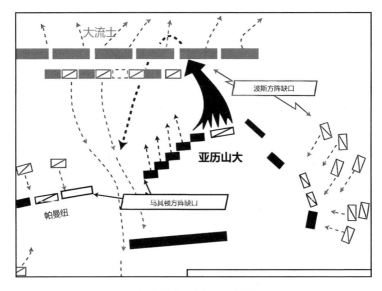

高加米拉战役战场示意图 5

马其顿右翼，一直没有投入战斗的亚历山大直属的、最精锐的部队（步骑伙伴们）来找大流士三世索命了。

大流士三世面前剩下的那点可怜的长生军将迎来三记重拳：

首先，要接住伙友骑兵的第一波冲击（伙友骑兵的 3 米长矛居高临下，轻松压制长生军的 2 米矛）；

其次是 3 000 人持盾卫队的第二波冲击（这是马其顿最精锐的剑盾步兵）；

最后，气势如虹的马其顿中军方阵带来第三波冲击（这是几个最好的方阵旅，他们刚刚撕碎波斯军中央第一线攻势）。

就这三拳，请问大流士三世还能拿什么抵挡?!

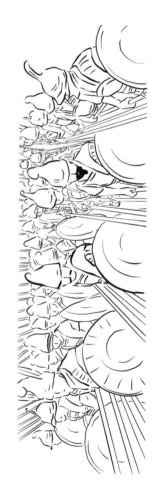

此时在波斯全军看来，陛下大流士三世所在的方位一片混乱，似乎被人按在地上暴揍，甚至还有人传大流士三世已经被标枪给戳死了！

而最要命的是，波斯骑兵都在远离大流士三世的地方，大流士三世再也没能发出任何像样的命令。

在吗？陛下阵亡了吗？我们该怎么办？是进，是退？是左，是右？是前，是后？

波斯军全军茫然无助。

当然除了以为自己马上要歼灭马其顿帕曼纽所

部的贝苏斯。

放心，他一会儿就知道自己要大难临头了。

这里抛开战场的临时发挥和组织度，我们只谈战斗力。高加米拉战役中，波斯一方稍能打的步兵在马扎亚斯手里，而大部分情况下，波斯军空有一堆骑兵，却没有像对手那样的大锤，除了来回奔走扬尘，骑兵似乎没有什么作用。

伙友骑兵是锤子，步兵同伴是砧板，这套战术听上去特别容易，但要灵活运用，实非易事。波斯大流士的军队，在熟习锤砧战术的马其顿军队面前，徒有数量优势，无法有效指挥和协调，再多数量恐怕都无济于事。

看到这里，我们不难发现：战术真正厉害的地方在于提前设置和对阵之中的灵活使用，马其顿方阵的灵魂在于硬件（特长长枪步兵＋灵活机动的骑兵），更在于软件（指挥官的临场指挥和身先士卒）。其中更关键的是指挥官的临场发挥能力，这需要经历非常多的战役一点点累积经验。除此之外，指挥官敏锐的军事天赋也很关键。在高加米拉战役中，亚历山大的临场指挥和军事天赋堪称高超，他毫无疑问是那个时代的佼佼者。

获胜后，亚历山大覆灭了波斯帝国政权，但又没有消灭波斯贵族，这和秦国在战国后期的战争目的是有本质不同的。秦国采用郡县制，使得原来各国的贵族在秦国体制下没有生存的土壤，所以既灭了各国，又灭了其贵族结构。

举个具体例子，在高加米拉战役之后，原本为大流士三世右翼指挥官的马扎亚斯向亚历山大献出了巴比伦，这并不是因为波斯战败归降，而是想看亚历山大一个态度。这种态度在亚历山大发兵进攻波斯的 3 年时间，已经被波斯贵族们无数次见证。

事实证明，马扎亚斯赌对了！亚历山大大帝仍然任命他为巴比伦尼亚总督。马扎亚斯的未婚妻是大流士三世的女儿斯妲特拉二世，而斯妲特拉二世等大流士的家眷早在伊苏斯战役中就已经沦为了马其顿军的俘虏，加上马扎亚斯出任新总督后很快去世，斯妲特拉二世便在苏萨集体婚礼中嫁给了亚历山大。

亚历山大娶了大流士三世的女儿，她还是马扎亚斯的未婚妻，女人再一次成为贵族之间结盟的纽带。这正是亚历山大当时笼络强邦的手段，亚历山大之所以有这种手段，多少是因为继承自他的父亲，这也算是血脉觉醒了。

可见，波斯贵族们的权力在亚历山大这里得到了延续，甚至有所扩大，这也是为什么被他殖民统治的波斯地区很少有人去反抗他。

"城头变幻大王旗"，这对普通民众来说能有什么亡国的仇恨呢？更何况，真正统治他们的还是原来行省的总督，只是"大王"从大流士三世变成了亚历山大三世。

秦国方面，自秦孝公使用商鞅变法后，秦国逐步采用军功爵制和郡县制，使得和秦国对抗的六国集团很快意识到一点：秦国的统一战争，是一场血洗六国王族加贵族的灭国战争，这种灭是自上而下一起采用秦制的灭，没有一点缓解的余地。所以，亚历山大大帝打的多是"击溃战"，而秦国自秦惠文王开始打的普遍是"歼灭战"。

3.2　从阴晋之战到长平之战

接下来，拿秦军做个简单对比：

（1）马其顿、波斯"高加米拉之战"（公元前 331 年）。马其顿军总兵力近 5 万人。其中步兵有 4 万人，包括重装步兵 1.8 万人；骑兵 7 千人，包括近卫骑兵 2 千人。波斯方争议很大，大致在 20 万人至 100 万人之间。主要出处《远征记》，作者阿里安（公元 96 年—公元 180 年）

（2）秦魏"阴晋之战"（公元前 389 年）。魏国步兵 5 万人，战车 500 乘，骑兵 3 千人。秦国军队 50 万人。主要出处《吴子》，作者吴起（公元前 381—公元前 340 年）。

首先，对比这两场战争的规模，不难发现它们大体是接近的。亚历山大与吴起的兵力都是 5 万人左右。而两边的对手，秦军直言 50 万人，这个数字历来存疑，前文中也有提及，这一数字至少是包含后勤在内的虚数。波斯大军"据说"有 100 万人，这个数字也基本被认为不可能。但两场战争有共性，即都可以确定是"以少胜多"的战役，所以秦国军队与波斯军队也不可能少于 5 万人，推测双方应该都是十多万人的规模。

其次，文献中记载的兵力配置对比。关于波斯军队和马其顿军队的配置，记载比较详细，魏军记载比较简单，秦军干脆就没有记载具体配置。仅以魏国吴起自己提到的来看，魏国有500乘战车，3千骑兵，5万步兵，这些数字多数是可信的。

传统观点认为，中国古代使用骑兵始于赵武灵王胡服骑射之后，而《吴子》这本书明显证伪了这一观点。吴魏之战（公元前389年）中出现的骑兵远远早于赵武灵王十九年下令"胡服骑射"（公元前307年）。

由此可知，中国骑兵至少在战国前中期就已经开始广泛使用了。

据记载，亚述军队中，战车、骑兵、步兵的配置比例大致是 1∶10∶100。而成书于战国的《六韬》提到了在不同情况下，战车、骑兵、步兵的战斗力是不同的。在合适的情况下（比如大平原，两军直接约好的对阵等），战车、骑兵、步兵的参与比例是 1∶10∶100 的。

这与亚述军队的兵力配置相吻合。可见东西方在战车、骑兵、步兵的配置上有共同认识：在适合战车冲锋的大平原上，1∶10∶100 的比例就是当时合理的兵力配置。（此战力主要指对步兵的杀伤，此时尚无马镫和高桥马鞍等装备，骑兵并非完全体，等到后期骑兵的优势上来，特别是机动性、适应性和训练的便捷性逐渐体现出来后，战车就基本被历史淘汰了。）高加米拉之战中的波斯战车、骑兵、步兵比例为 1：25：5 000，这也侧面反应了波斯兵力配置上的错误——步兵人数堆得太多了，导致军队丧失机动性，一旦被亚历山大的骑兵放风筝，步兵、骑兵之间就会有很大的空隙，对手定会乘机钻空子以割裂战场，然后采用局部的优势兵力各个击破。

而阴晋之战中，魏军的战车、骑兵、步兵配置比例为 1：6：100，骑兵偏少，但这种配制总体符合春秋战国时期大平原的战力需求，因为其战车和步兵的比例是协调的。魏军骑兵不多是因为对垒的秦军骑兵也没多少，且魏武卒这样的重装步兵又对秦军形成局部优势。

亚历山大的战车、骑兵、步兵比例为 0：1：6（0 表示他没有配置战车），考虑到《六韬》中提到的兵种战斗力可以互换，我们也可以把战车全部换成骑兵，则吴起的 500 乘战车就相当于 5 000 骑兵，加上本来的 3 000 骑兵，则吴起全军战斗力相当于 50 000 步兵外加 8 000 骑兵，亚历山大全军战斗力相当于 40 000 步兵外加 7 000 骑兵。这又是东西方在大体同一时代非常相似的军力配置。

别忘了，高加米拉之战中，亚历山大还有 18 000 人的重步兵。这就是马其顿长矛方阵中作为砧板的那部分。马其顿人的萨里沙长矛长度不断加长，在腓力二世时代超过了 4 米，在腓力二世的儿子亚历山大大帝时代超过了 5 米，继业者战争时期据称有超过 6 米的长矛。当然有没有那么长是值得考据的，但马其顿军手里的这些武器比同时代的对手长应该是毋庸置疑的。

　　吴起的步兵中也有大量的重步兵，那就是前文中提到过的大名鼎鼎的"魏武卒"，《荀子·议兵篇》对此记载："魏氏之武卒，以度取之，衣三属之甲，操十二石之弩，负矢五十个，置戈其上，冠胄带剑，赢三日之粮，日中而趋百里。中试则复其户，利其田宅。"当然，细节无法考证，我们只能笼统地说"魏武卒"也是一支非常强大的步兵，甚至可以说是精挑细选出来的特种兵（军队已经专业化）。

　　同样成书于春秋战国时期的《考工记》提到过多种兵器，其中夷矛是最长的一种，有 3 寻，现代一般认为约有 5.54 米，与同时期的马其顿长矛长度比较接近，但这类武器到底有没有成建制地运用于战国时期的军阵之中，依然不可考，因为缺乏考古证据。《考工记》同时提到了的战国兵器最长者就是 3 寻（3 寻 = 男人身高的 3 倍），认为若超过 3 倍身高，就没法用了。而这里也可以看出，中国在春秋战国时期编制出一支长矛方阵是完全可能的（历史上中国有很多长矛方阵，但都缺乏细节描写）。

　　我们只能说没有无敌的战术，只有恰当的战法。这也是大体符合《孙子兵法》用兵逻辑的——"兵无常势，水无常形"。

　　马其顿方阵在平原上固然威力强大，但最后依然被罗马方阵利用地形优势给打败了。放之中国亦是如此，地形优势、装备优势、训练优势其实都不是亘古不变的。

无论是骑兵、卷镰战车，还是远程步兵、重步兵、超长矛，中国兵力配置的硬件都配齐了。如果有需要，中国完全可以复制出一支和马其顿军团一样的军队，无论是人数还是技术。

由于武器间没有明显的代差，那么胜利的决定性因素就不在于兵器或者兵种，更多的在于将领是否能适应环境变化去作战。所以亚历山大能否胜过中国对手，更多的是要看面对将领和国民性格，而不是考虑长矛方阵和伙伴骑兵的战斗力。亚历山大和吴起都有不败记录，很难想象二者谁更强。亚历山大时期，吴起已经作古，但是打完马陵、桂陵之战的孙膑还活着。在硬件都一样的情况下，软件"指挥官"就非常重要了。假设孙膑、吴起、白起这种级别的将领对阵亚历山大大帝这样的对手，他们该如何分出高下呢？

这里需要再强调一下，无论《韩非子》《六韬》《孙子兵法》等文献记载，还是秦始皇陵这些考古遗址，都指向了一个基本事实——战国中后期的秦军有骑兵，且也善用骑兵，比如《六韬》记载的"发我车骑，冲其左右"，就很有冲击骑兵的样子。也许这些骑兵还不是后面配了高桥马鞍和马镫的终极体冲击骑兵，但他们和马其顿军伙友骑兵一样冲击一轮，然后再集结一轮，这种操作还是大体可以做到的。

看到这里，大家是不是有一个感觉？——中国似乎更注重车兵，而马其顿似乎更注重骑兵。战国七雄往往都被称为"万乘之国"，就是说他们各自的战车很多，而马其顿军阵中总体而言是不配置像波斯军那种战车的。

《孙膑兵法》出土于银雀山汉墓，是西汉早期的陪葬品，这证明《孙膑兵法》完成于战国中晚期，并且由于时间间隔短，还来不及完成从冒名写作到推广天下这一步骤，所以这应该确实是孙膑或其弟子完成的巨作。

孙膑指挥的桂陵之战发生在公元前 354 年，这一年亚历山大只有 2 岁，而当时孙膑显然已经将骑兵运用得非常好了。这证明至少在那个时刻，东方战国时代已经有完善的骑兵配置了。

为何说骑兵配置在战国已经完善了呢？

书中说"易则多车，险则多骑"，这充分说明骑兵的比例和人数是根据不同环境变化而变化的。这句话也再次证明，骑兵在战国时是以独立兵种的样貌出现的，所以才可以有比例变化。

银雀山出土的《孙膑兵法》然后记载："先其下卒以诱之。"这里"下卒"显然是指步兵和弓箭手方阵，也就是说用"下卒"步兵来接敌诱敌。换言之，步兵的作用是正面扛线，并且黏住敌方主力，为左右冲击力强的战车、骑兵争取时间。而后面这部分是"车骑战者"，是机动力强，战斗力高，显然置于后队的"上卒"，是作为预备队使用的。

机动兵种会帮着扛不住的军阵压阵，哪方扛不住了就去帮忙，哪方出现战机了就去冲击。由此，我们可以复原整个战国时期骑兵的战术体系，实际上就是步兵扛线，两侧骑兵车兵绕后冲阵，而后备队随时补兵填窟窿。这个战术与亚历山大大帝的"砧锤战术"其实有异曲同工之妙，而且这类战术在《六韬》中也有记载，并非孤证。

前文提到，战国七雄打的都是灭国战、总体战，按《墨子》的说法，破城的时候，女人干什么，老人干什么，小孩干什么，都一一安排清楚，而男人14岁服兵役，到60岁才能脱兵役。而亚历山大打的还是击溃战，是上升期打衰落期，哪怕打赢了，波斯贵族地位依然保持不变，依然留任当地总督，亚历山大自己还和波斯贵族通婚以加强这种政治结构和互相信任，这在战国后期是不敢想象的。

怎么理解战国中后期秦国打的总体战呢？我们以著名的秦赵之间的"长平之战"为例来说明。

（1）当时秦国河内郡15岁的男孩子也全都被派上战场了！

（2）战国时期，兵和民大体不分。老百姓农忙的时候被秦廷组织起来进行生产，农闲的时候又组织起来搞军演。以为农忙时就舒服了？战国时期的农民种田也受军事化管理！

（3）秦国的户籍制度能够记录下每一个人从生到死的全部"大数据"，这是挖掘战争潜力的基础。这种户籍制度，我们根本无法想象两千多年前的秦人是如何做到的。

（4）建立了完善的可溯源的标准化流水线生产的军工体制，这更让人难以置信。战国时，各大国都有完善的军工监察体制。如生产的兵器上面会刻上生产人和督查者的名字，武器发放至部队有档案凭证，且武器不得私自借用，那是犯法的。这样就实现了军工产品的可溯源和问责制。由于战国时期的弓弩普遍使用复合弓，制作周期长，有的文献甚至说长达三年，所以需要源源不断地进行生产才能保障供应，因此也需要统一生产标准和模具规格，确保标准化，这样是最经济也是最高效的。

（5）强大的国家机器。比如秦国，每一个人都被量化成了国家机器上的零件，一个人按性别、职业、年龄、爵位，每天分配多少口粮，多少工作量，全部都是量化的。一个农民，什么时候出生，何时授田，何时结婚，何时军训，何时服役，事无巨细，全都记录在册。农民该种多少田，按什么技术种植，收成还有多少，考核标准如何，全部量化。当然，出土的各国文献已经证实，这种情况绝非只有秦国一国，山东六国也大体如此。在那样的时代里，普通人根本无处可逃，逃去哪里都一样。

（6）超越时代的政治体制。几百年后，罗马都还没有专门主管农业的官员和部门，而秦国的农业管理部门就已经从中央覆盖到了村（里）一级，这和军功爵制度也有关系，即"劳论赐"的一套完整程序，是从中央到地方再到个人实行下去的，这些都有考古出土的竹简为证。当时秦国乡村一级有两个主管部门：一个乡部，管民事；一个田部，管生产。农民居住在村里，而村并不开放，是有院墙围起来，如同堡垒；而田都是一块块规划起来的，不

是散的。种田时，由田部下属官员组织村民前往农田，按军事化管理进行生产，并有严格的纪律，该何时休息，如何休息，按何种技术生产，都有规定。到了村里，同样有纪律。军队最需要的是什么？并不是兵员的体能，而是组织度！就战国那种体制下的组织度而言，随便拉几个农民过来，不需要训练，上了战场就可以打仗，这才是真正的全民皆兵。

（7）军功授爵制。秦国，只有耕战两个字，爵位与军功挂钩。只要能够杀敌，就能获得爵位，而且兑现速度超快，公平公正，童叟无欺。你斩杀了足够的首级（为了防止杀良冒功，需要连着喉结切下）换得对应头衔，则既可以用之给奴隶赎身，也可以凭其兑现奖励，换取田宅奴仆，甚至死后还可以将军功传给下一代。同时，你每升一级爵位，生活物资的标准都会提高，比如食品配额会更多，日常饮食会更丰富，等等。这世界本来就是不患寡而患不均，秦国的赏罚制度公开公正，人自然会认为上战场杀敌是高收益的事情了。其实类似的制度，各国都有，比如魏国的魏武卒。魏国为了让魏武卒专注训练打仗，不仅为其分配巨额财产，还给予其死后入太庙的荣誉。有些国家是按斩首数量给钱，各不相同，但都有国家体制支持。相比之下，秦国的军功爵制被认为更加完善，也更科学。

所以，很多怀疑长平之战的人，都是以现代人的角度去理解古代人的问题。长平之战，根本不存在什么民兵和正规军的区别，因为那个时代全民皆兵，且老百姓的军事训练都堪称高强度，和后世的民兵有本质区别，这个时代也与后世兵民分开的时代有根本不同。

同时，战国时期打仗，不分男女老幼，只要能动，打起来都是兵，而在战争体制下，国家也能够提供足够的装备。何况，只要有组织度，哪怕是一百个拿竹竿的农民，都能打得赢一千个拿刀的街头混混。毕竟秦末章邯率领修秦始皇陵的二十万刑徒就攻灭了各国义军。

同理，唐朝太宗时期，府兵制健全，老百姓军事素养高，所以太宗亲征高句丽，临时招来的士兵，远征辽东都能以两千人的伤亡，歼敌十余万，俘虏几十万。而唐玄宗时期，府兵制崩溃，兵民分开，老百姓不知兵事。到了安史之乱，哥舒翰一代名将，被玄宗强令带着二十万临时组建的乌合之众出潼关作战。哥舒翰为保守起见，分兵三路，寻思着这样做保险一些。结果呢？第一路大军一败，剩下十几万人竟然一窝蜂就跑了。

这就是不同的军事体制下，普通人被组织起来所爆发的不同等级的战斗力。

那个时代，人也没有吃好一说，一个农户种多少田，养多少猪或鸡鸭鱼，都有规定，但这些财富大多都是国家的。你想吃点好的，要么去战场杀敌，要么产出更多，获得国家奖励。

以养牛为例。那时候牛死了，你有罪，得赔国家盔甲或盾牌（这些东西可不便宜）。牛还不是你的，村里负责管理农业生产工具的官员要向乡里的

田部行文，说明牛死的缘由。乡里派人来查验，随后牛肉变卖归国家，筋角皮上交军工部门，分别作为复合弓和皮甲的原料。处理完后，上报县里销账。如果乡里处理牛肉不及时，导致尸体腐败，则为未保管好国家财产，受罚，照样罚盔甲盾牌。负责管牛的官员，县里每月有月考，季度有季考，年度有年考。牛瘦了、病了，受罚，养好了则有赏。主打一个"大数据透明化"，把人的作用也发挥到极致。在秦王眼里，人也好，牛也好，都是他的财产，都是国家这个机器上的螺丝钉。

那当时为什么对牛这么重视？因为牛是重要的农业生产工具，而农业是战争的物质基础。除此之外，牛又是重要的军事物资。

这种体制下，人口是锐减的。

据葛剑雄先生所著《中国人口史（第 1 卷）：导论、先秦至南北朝时期》中估计，战国之前人口约 4 000 万，整个战国打了 200 多年，人口减少粗略估计有 2 000 万，所以葛剑雄教授说，"秦汉之际的人口损失相当严重，达到了 50%或略高，西汉初只剩下 1 500 万到 1 800 万"。这种规模的损失，对应的就是前文中提到的真正意义上的总体战和灭国战。当时战况之惨烈，可以想见。

所以战国时代的国家都是真正生活在战争中的"怪物"，这在别的时代是难以想象的，甚至就是放到春秋时代都是难以想象的。

这里，我们将结论先行：如果马其顿军冲入秦国，那多半是有来无回的。

在总体配置差不多的情况下，在双方情报几乎相同的状况中，在两边都有不错的指挥官的前提下，哪怕是亚历山大亲自率军杀进秦国境内，那也多半是讨不到任何便宜的。

这并非是出于偏见，而是考虑到体制的不同造成了战争的规模和动员都不尽相同。

战国时代的秦国或灭别国或被别人灭国，而古典时代的马其顿则是带着英雄主义、扩张野心、转移联盟内部矛盾的目的去打波斯的，这种级别的战争还总体停留在春秋时代：灭国不灭贵族，只占地盘不绝祭祀。

以相同时代为前提，又把马其顿军置于秦国境内，那基本可以说马其顿军将陷入死地，这一点是毋庸置疑的。

可本书讨论的是：当秦军冲进马其顿方阵，这就是另一个问题了。相对而言，如果秦国入侵马其顿所在的古希腊世界，大概率也会输。不算补给和水土不服，光是战争动机，秦军将士应该就没有兴趣加入这种深入敌境 10 000 里的战争，即使秦王想要一个没什么用的历史定位，或听说西方有长生不老之药，让秦军西侵。可是，秦军将士万万没有西出那么远的地方打仗的好处，军队还没开赴前线估计就已经溃不成军跑散了，更不用说冲进马其顿方阵里了。

好了，言归正传，现在问题收敛为：

如果有一个合适的开战地点，还有一个合适的开战动机，那秦军冲进马其顿方阵，胜算几筹？

关于这个问题，我们先要问问和亚历山大对阵的秦军统帅——秦惠文王。

秦惠文王捻了捻修饰得非常精美的胡子，眯着眼笑着问道："哈哈，你倒是先给寡人一个冲马其顿的理由～"

4 架空历史：推演秦马大战

4.1 秦惠文王："寡人需要开战的理由！"

秦惠文王家世：

- 祖父秦献公（实行郡县制，废止活人殉葬，盘活秦国市场工商业税收，推进初步变法改革，并迁都于栎阳）。
- 父亲秦孝公（任用商鞅变法，再迁都于咸阳）。
- 儿子其一是举鼎失败的秦武王，其二是语文课本中的常客秦昭襄王（伊阙之战、五国伐齐、鄢郢之战、华阳之战、长平之战、完璧归赵、秦王击缶）。
- 孙子秦孝文王（登上王位 3 日即死）。
- 曾孙秦庄襄王（本名异人，后改名子楚，靠吕不韦投资上位，在位 3 年，期间任用李冰修建都江堰）。
- 玄孙秦始皇。

秦惠文王清除法家政策，及时调整合理化的政治路线，发行货币，进攻义渠，夺取巴蜀，承上启下，丝毫不比开启变法的秦孝公、完成统一的秦始皇差。

秦惠文王一上位即车裂商鞅，清除商鞅家族，让秦国新军功势力群龙无首，只能唯秦王马首是瞻。他认为商鞅那套清澈而单纯的全民耕战制不切实际，无异于异想天开，褫灭工商业这样的极端政策必会使秦国经济陷入僵死、瘫痪。所以，最终取消全民耕战制。

为了推动工商业的发展，他在秦国历史上第一次发行半两钱，我们熟悉的、中国使用了 2 000 多年的圆形方孔钱就是他选择的款式。

由于郡县制与法家没有必然联系，且早在秦献公时期即已实行，于是秦惠文王在一番清洗后仍保留了郡县制。此外，还保留了斩首授爵制这一法家政策。

秦惠文王在法家路线实行一段时期后及时把秦国拉了回来，他主张"以国为本"。

他攻灭义渠，灭巴国、蜀国，设立巴蜀二郡。取得蜀地，是为秦国增加一个大粮仓，为秦国固本培元。有人认为，获得蜀地已经基本注定了秦国的最终胜利。

为什么很多人非常佩服秦惠文王？

因为法家的很多政策都是力求见效快，可以行一时之计，而不可长久用也，必需要及时修正。就像运动员打了肾上腺素可以短暂提升成绩，却可能葬送运动生涯和身体健康。

秦惠文王及时修正法家路线，在我们后世看来理所当然，这是旁观者清的既视感，对于当局者而言，正确的选择并不是那么容易做出。比如拿秦始皇长子扶苏来对标秦惠文王，扶苏本应识破赵高、李斯托信史带来的秦始皇沙丘绝笔是一份矫诏，然后带着军队诛杀李斯这种法家，调整秦朝当时延续下来的战国扩张路线，可惜他并没有那么做。这使得从秦始皇统一天下 4 年后的公元前 217 年复辟法家路线到公元前 210 年大泽乡起义，仅仅经历了 7 年时间。

相比之下，秦惠文王勇决果断想办法除掉商鞅，对于秦国统一霸业可谓是有着惊为天人的战略眼光，真正做到了当局者不迷，令人不禁叹服。

秦惠文王在选择听从张仪攻韩，还是听从司马错攻巴蜀之际，果断选择了更为稳妥的灭巴蜀之计。从这也不难看出，秦惠文王走得很稳，他不求一时一地之利，而是步步为营。其实他已经为秦国在战国后期打持久战做好了准备。

他清楚地意识到：哪怕变法后的秦国，也需要百来年才能击败山东六国。

秦国历代国君大都在对外战争上有所建树，但论在政治路线和各种决策上的大智大勇，秦惠文王依然令人佩服。

假设朝堂廷议时有将军建议他出兵攻打马其顿，这位精明的秦国君主问的问题绝不会是"马其顿是谁？"而应该是"攻马其顿能给寡人带来什么好处？而寡人要付出的代价又是什么？"

唯有问对了问题，才能有对的答案。

4.2 沙盘剧场

本剧纯属虚构，如有雷同，纯属巧合。

《史记·秦本纪》中记载，秦惠文王更元七年（公元前318年），"韩、赵、魏、燕、齐帅匈奴共攻秦"；而《战国策·秦策二》也记载，同年义渠"起兵袭秦，大败秦人于李帛下"。两史书互相参照下，蒙文通先生在《周秦少数民族研究》中认为秦国西境的匈奴就是义渠。

我们这里让马其顿人顺势在历史中也插上一脚，一起加入攻秦的行列。

匈奴、义渠再往西就是月氏的领地，月氏在河西走廊附近被匈奴击败后向西继续远走，最终成为大月氏，大月氏就是历史上马其顿人到达的最东边的巴克特里亚。

当然，历史上真正的希腊化巴克特里亚被大月氏所灭，而大月氏是被匈奴或义渠赶出去的，战国时的义渠匈奴又基本被秦军死死压制。不过，这里我们并不是玩斗兽棋，而只是借尸还魂一下。

秦间子良：陛下（秦君此刻已经由公称王），微臣潜伏于马其顿军中良久，近日马其顿军在巴克特里亚地区抓获了我军的两名'舌头'，扩张野心极大的马其顿将军亚历山大三世在得知东方还有秦国如此富饶的疆域之后，已经开始召集手下将领，我看他们即将集结完毕随时都会入侵我大秦西境。

秦惠文王：哦？展开说说！

秦间子良：据可靠消息，义渠在河西走廊的残部已经接触马其顿人，这些狼子野心的蛮族不日恐怕就会对我秦国不利。

秦惠文王：马其顿来自何方？战线多长？

秦间子良：来自极西之地的希腊，十年间征战不断，战线逾一万里。

秦惠文王：劳师动众，看来是就地补给。

秦间子良听了，默默点头。

《孙子兵法·作战篇》："善用兵者，役不再籍，粮不三载；取用于国，因粮于敌，故军食可足也。"几年后的鄢郢之战，白起深入楚国境内就没有带多少粮草，全数就地补给。

秦惠文王：此战非打不可吗？

秦间子良：非打不可。马其顿人野蛮至极，他们攻城略地，无恶不作，所到之处可以说是人间炼狱。

秦惠文王：对方万里奔袭，孤军深入，岂有余力？你是想坐地起价，然后等着寡人就地还钱吧？！

秦惠文王显然看出了秦间子良的心思，完全不惯着。听了他有些愠怒的话，秦间子良脸上红一阵白一阵。

秦惠文王看秦间子良一时语塞，招招手叫来了樗里疾（俗称樗里子。为人滑稽多智，秦人誉为"智囊"。战国中期秦国宗室、名将，秦孝公庶子，秦惠文王异母弟，其母为韩国人。）

樗里疾昨夜还和秦间子良把酒言欢，秦间子良也知会了他马其顿军要入侵一事。

其实说入侵并不严谨，因为马其顿人翻过葱岭后就没了动静，而天山附近和秦国还相去甚远，樗里疾在昨天的酒局上也说他是杞人忧天。

秦惠文王（看着智囊笑道）：樗里子，你来得正好，你倒说说攻马其顿能给寡人带来什么好处？而寡人要付出的代价又是什么？

樗里疾：陛下，微臣以为此仗非打不可！韩、赵、魏、燕、齐联合马其顿共攻秦，这里头只有马其顿是外族人，也只有他们在秦国的西方。如果合围之势形成，那秦国将腹背受敌。所以微臣建议对韩、赵、魏、燕、齐采用外交和贿赂的手段，而对马其顿采用军事手段。

兵马俑的 1 号俑坑东端，有 5 个试掘坑，从挖掘简报来看，共计出土了 486 件兵器，包括剑、戟、矛、戈、金钩、弩机等等。其中，弩的数量达到了总数的 60%，配套的箭矢则发现了上万支之多。

准确来说，1 号坑是一个完整的军阵，前 3 排共有武士俑 203 位，其中持弩者 164 位，持长兵者仅有 11 位，当然，持弩者同时配有短剑用于近身作战。这 3 排武士俑从职责上来划分，其实是秦军的前锋部队。

实际上，不同的部队，其武器配备也会有所不同，兵马俑中部方阵配备的武器就完全不同，第 2、第 3、第 9、第 14 过洞中的秦俑，手持长兵的人数远远多于弩兵，弩兵只占过洞整体的三分之一。

这就是"强弩在前，锬戈在后"这句话的意思。并不是说，秦军军阵中弩兵在戈兵之前，而是说强弩兵更多被布置在先锋方阵之中，先给敌人一波"远火覆盖"。可别小看这几波远火。

兵马俑中大部分士兵身穿铠甲，披甲率超过 80%。相对地，别看古希腊提前进入了铁器时代，但装备绝大多数依然还是青铜的。根据阿提卡的古希腊盔甲考察报告，当地一共出土 350 个青铜盔，280 副盾牌，但是只有 33 副铜胸甲，胸甲装备率不到 10%。当然我们也要考虑到马其顿人多数时候抱着一个盾牌，还有过长的长枪，如果再让绝大多数人都身披重甲，那显然体力就跟不上，所以现在西方考古学界一般认为马其顿方阵中的一个士兵负重在近 70 磅，也就是大约 30 公斤的重量。这个负担对于古代士兵而言也可以说是极大的，所以亚里沙大大帝的那些著名战役，持续时间往往都只有 1 天，都是速战速决。

樗里疾：（樗里疾通过秦间子良已经了解了很多马其顿的战术以及亚历山大的指挥才能）马其顿人野蛮不假，但非常骁勇善战，这十年来在西域可谓攻无不克战无不胜，敌人远道而来，虽然掌握了就地补给的能力，但如果想要在秦国境内补给是不可能的，秦人户籍严谨，是不会帮助这群外人的。因而，他们必定追求速战速决。

秦惠文王（默默点头）：善。

樗里疾（接着说）：陛下，能而示之不能！若不战而屈人之兵，则既稳固了大后方，又瓦解了这群乌合之众的合围之势。

秦惠文王：能而示之不能，大善！

公元前323年，秦军"主力"入河西之地，不料和马其顿军短兵相接。在短暂接触后，秦军"一触即溃"，全军"败撤"，马其顿声威极盛，欲绕开大散关从北而南侵入秦国腹地。

张预曰："实强而示之弱，实勇而示之怯，李牧败匈奴，孙膑斩庞涓之是也。"这就是樗里子提前和秦惠文王的约定，对手强弱只有实战能检验，河西一战无论如何都只能败而不能胜，原因在于马其顿人的伙友骑兵非常精锐，不如把他们引诱进来再逐个击破。

引诱到哪里？

到上郡、九原。被马其顿俘虏的士兵中有"死间"（有去无回的间谍，间谍的一种）。

赵武灵王胡服骑射略胡地，二十六年攘地至云中、九原，就准备从这里直接南下攻秦。

为了查看地形，赵武灵王还假装使者亲自入秦宫见了秦昭王一面，然后顺利脱出，也是个奇人——"主父欲令子主治国，而身胡服将士大夫西北略胡地，而欲从云中、九原直南袭秦，于是诈自为使者入秦。秦昭王不知，已而怪其状甚伟，非人臣之度，使人逐之，而主父驰已脱关矣。审问之，乃主父也。秦人大惊。主父所以入秦者，欲自略地形，因观秦王之为人也。"《史记·赵世家》

后来匈奴打汉朝，也经常走这条道。

秦惠文王安排樗里疾驻守秦国上郡、九原，以防马其顿军的到来。他亲至前线慰问兵士，督其严格训练，频繁侦察，但军令就只有一条：不许出战！胆敢出战者一律斩首！

这免战牌一挂就是好几年。由于樗里子把全部人马缩入营垒、城墙，坚壁清野，马其顿军来袭扰都无功而返。

经过数年的经营，樗里子的边防军兵强马壮，军队士气高涨，士兵憋足了劲，宁可不要赏赐也情愿与马其顿人决一死战。而马其顿人在多年之中已经逐渐松懈下来了。

这其实是钻了马其顿人的空子，毕竟他们远道而来，只求一战，希望能靠自己的优势兵力一战而胜。

这时候又不能撤退，一来远征无功而返是大忌，易使人心涣散；二来绝大多数时候的伤亡都是在撤退时造成的。亚历山大开始怀疑军中有奸细，但因为一路都是就地补给，不可能没有当地人掺杂其中，所以排查得非常困难，动静大了还会搞得人心惶惶。

这个时候，樗里子决定一战。

兵家讲究不动如山，动则要一战而定。战争不是打过来打过去，而是积蓄力量，等待时机，一锤定音，正如马其顿的锤砧战术一样。

"嗖嗖嗖！嗖！嗖！嗖！"夜色中，一阵强弩远火覆盖马其顿的军阵，战车、骑兵率先杀到。训练有素的马其顿人战斗力极强，军士很快组织起有效的反击。

马其顿人没有战车，附近的地形更有利于骑兵部队的展开，秦军的战车很快陷入各自为战的危险境地。

亚历山大一马当先，率领伙友骑兵冲锋，第一个冲锋就打了秦军一个措手不及。

"咚咚咚咚!"一阵阵鼓声传来，勇敢的秦军哪怕被分割包围也毫不畏惧，纷纷在小范围内组织有效的防御队形。鼓声突然在夜色中停止，秦军开始撤退。

又一次撤退，这次看着夜色里秦军扬弃的烟尘，亚历山大判断，这的确是秦军主力，于是下令伙友骑兵追击。

帕纽曼将军这时提出了异议，他认为这次战斗透着诡异。但现在亚历山大已经箭在弦上，不得不发了，等了那么多年好不容易等来和秦军主力对决，这个时候如果不能扩大战果，天知道这群"懦弱"的秦人还能把战争拖上多久?!

不是都说秦人是虎狼之师吗?! 就这?

顺着秦军逃跑的路线，亚历山大也在默默观察秦军是真的撤退，还是佯败?

秦军就这点实力？亚历山大暗暗吃惊，一切都太过顺利，顺利的叫人不敢相信。

这一夜，亚历山大自九原入关，成功打下秦国上郡，消息传来，举国哗然!

尔后传来新的消息，秦南向攻楚，东败强齐，重创赵、韩、魏三国，形成对东方席卷之势，而此时秦惠文王立刻派樗里子出使北方和马其顿修好。

亚历山大接受了这个休养生息的建议，占据上郡，和秦国休兵。

按国际惯例，秦惠文王把妹妹嫁给了亚历山大，并写信称亚历山大大帝为西帝，而自称东帝。

时隔 3 年，亚历山大已经消化了上郡，决定继续扩张。

为彻底解除后顾之忧，秦于周赧王四十三年（公元前 272 年），诱杀亚历山大于甘泉宫，乃举兵攻灭上郡境内的马其顿军，在其地设北地郡，治义渠（今甘肃宁县西北）。至此，秦有上郡、陇西、北地。

筑长城以拒"马"。

　　征服易，统治难，唯一能够掌控一个如此伟大的文明的政治制度就是中国自有的文化根源。如果亚历山大很好地征服秦国，他也只能在文化、社会等领域迎合秦人才能得到胜利果实。

　　总之秦国不战而屈人之兵。

　　马其顿人来了，恐怕就回不去了。